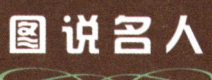

# 图说名人

《图说名人》编委会 编著

# 俾斯麦

## 铁血宰相

Bisimai
Tiexue Zaixiang

南海出版公司

图书在版编目（CIP）数据

铁血宰相——俾斯麦 /《图说名人》编委会编著.
-- 海口：南海出版公司，2015.9（2024.8重印）
ISBN 978-7-5442-7943-7

Ⅰ.①铁… Ⅱ.①图… Ⅲ.①俾斯麦，O.（1815～1898）-传记 Ⅳ.①K835.167=43

中国版本图书馆CIP数据核字（2015）第204890号

TIEXUE ZAIXIANG——BISIMAI

## 铁血宰相——俾斯麦

| 编　　著 | 《图说名人》编委会 |
|---|---|
| 责任编辑 | 张蕾 |
| 出版发行 | 南海出版公司　电话：（0898）66568511（出版） |
| | （0898）65350227（发行） |
| 社　　址 | 海南省海口市海秀中路51号星华大厦五楼　　邮编：570206 |
| 电子信箱 | nhpublishing@163.com |
| 经　　销 | 新华书店 |
| 印　　刷 | 天津旭丰源印刷有限公司 |
| 开　　本 | 787毫米×1092毫米　1/16 |
| 印　　张 | 7 |
| 字　　数 | 80千 |
| 版　　次 | 2015年12月第1版　2024年8月第3次印刷 |
| 书　　号 | ISBN 978-7-5442-7943-7 |
| 定　　价 | 36.00元 |

南海版图书　版权所有　盗版必究

# 前言 TUSHUOMINGREN

1815年4月1日,俾斯麦出生于普鲁士兴奥森一个容克大贵族家庭,他的童年是在他父亲的庄园里度过的。大学期间,他曾与同学做过二十七次决斗。1835年,俾斯麦于柏林大学毕业后,回到老家管理自己的两处领地。强壮的体格、粗野的个性、对待农民的残忍、追求目标的毅力和不择手段,构成俾斯麦鲜明的性格特点。

1848年,德国柏林爆发革命,俾斯麦在自己的领地上组织起军队,准备武力镇压革命。1851年—1858年,他担任普鲁士邦驻德意志联邦代表会的代表,1859年任驻俄大使,1861年改任驻法大使,1862年出任普鲁士首相兼外交大臣。

1862年9月,在普鲁士议会的首次演说中,他大声宣称:"德国所注意的不是普鲁士的自由主义,而是权力……当代的重大问题不是通过演说与多数人的决议所能解决的,而是要用铁和血。"俾斯麦的"铁和血",是他统一德国的纲领和信条,他的"铁血宰相"的别称也由此而得名。俾斯麦正是凭借这种暴力,大胆而又狡猾地利用国际纠纷和有利时机,决定性地使德国通过"自上而下"的道路统一起来。

俾斯麦统一德国后,执行为大资产阶级和贵族地主阶级利益服务的政策,推动了德国经济的发展。但他的"铁和血"没有因此而停止。1871年,他参与镇压了巴黎公社武装起义。在国内,他加紧镇压德国工人运动;对外,他组织军事集团,极力巩固德国在欧洲大陆的霸权地位。同时,在非洲、亚洲和太平洋地区掠夺殖民地,同英国争夺世界霸权。

1888年,威廉二世继位,在很多问题上与俾斯麦出现分歧。在接下来的残酷权力斗争中,俾斯麦渐渐感到心灰意冷。1890年,七十五岁高龄的俾斯麦向威廉二世提出辞呈,正式下野。

1898年,八十三岁的奥托·冯·俾斯麦在故乡的庄园中逝世。

# 目录

##  乖戾而放纵的青少年

出身贵族家庭 / 1

痛苦而叛逆的少年 / 4

声名狼藉的大学时代 / 6

出任夏伯尔书记员 / 9

母亲之死 / 13

##  从田园到政界

对田园生活的倦怠 / 15

坚定果敢获得爱情 / 18

柏林革命的爆发 / 21

担任法兰克福大使 / 26

出任驻俄大使 / 36

与拿破仑三世的会面 / 40

##  领导德意志统一大业

"铁血宰相"登台 / 43

普丹战争 / 48

争取拿破仑三世支持 / 52

争取威廉一世支持 / 56

北德邦联成立 / 64

普法战争 / 68

色当战役的获胜 / 76

拿破仑三世投降 / 79

遭到法国国民的攻击 / 84

争取德意志统一 / 91

##  实现德意志帝国的强大

德意志帝国成立 / 93

向议会和国王提交辞呈 / 102

## 出身贵族家庭

俾斯麦的家在距柏林西面约一百千米处,易北河岸边的兴奥森小镇。他家拥有一片大庄园,为世袭的地主,属于贵族阶级。

俾斯麦的祖先世代从军,性格诚实、勇敢、果断。

身为地主的他们,生活非常富裕,很少与人锱铢计较,而是只关心如何管辖好佃农。他们有一种极为强烈的统治阶级的优越感。

和平时期,他们唯一的娱乐就是狩猎,除此之

※ 易北河沿岸小镇

## 乖戾而放纵的青少年

◇ 图 说 名 人 ◇

**名人名言**

蠢人常说他们是从自己的经验中进行学习,我却认为利用别人的经验会更加好一些。

——俾斯麦

外,他们的生活粗暴而怠惰,将大部分精力花在饮酒上面。他们不办公也不读书,因为他们认为这些事情应该是新兴的中产阶级做的,而天生的统治阶级根本不屑去做这些。

俾斯麦的父亲在二十三岁时就退伍,隐居于兴奥森庄园,过着单调的地主生活。

他是一位诚实忠厚而待人亲切的男人,但不爱读书,除了狩猎、饮酒之外,没有其他嗜好。

也许是天意安排,这个懒惰的人竟然娶了一位勤勉而美丽的妻子。当时他三十五岁,新娘才十七岁。

俾斯麦的母亲出身于新兴中产阶级家庭,在过去的一百年间,代代都在大学教授历史和法律。俾斯麦的外祖父曾任枢密院议长,属于自由主义人士,专门攻击专制政体,结果触怒了皇帝。

俾斯麦的母亲因受环境影响,是个理念清晰的人。她有不服输的好胜心,同时做事勤勉,品行端正。由于居住在都市,常出入宫廷,所以她爱好社交活动,喜欢打扮。

由于父母亲家庭背景与个性的全然不同,俾斯麦体内糅杂了父母这两种完全不同的遗传。

俾斯麦在家中排行第四,兄弟

※ 柏林

姊妹共六人,其中三人夭折,除俾斯麦外,还有一个大他五岁的大哥和小他十二岁的妹妹。他与小妹感情很好。

当俾斯麦满周岁时,全家迁居到柏林东北的库宁堡小镇。俾斯麦少年时代的记忆几乎都来自于此。

俾斯麦全家迁居的原因是他父亲在当地继承了一片约八千平方千米的田地。他们的家坐落在一望无际的麦田中,平房占地极广,只在中央有一间楼房,这便是俾斯麦幼年时期的住所。

有一次父亲在楼上指着窗外广大的田地对俾斯麦说道:"放眼所及的土地都归我们家所有。"

围绕在他们家四周居住的是佃农与仆役,俾斯麦就是在这种驱役别人的环境中长大,因此在他的心中深植了支配阶级的意识。

父亲曾指着墙上的许多祖先肖像对俾斯麦说:"你长大后也一定要像祖先一样,做一个伟大的军人。"

但是,他的母亲却对他说:"你要努力读书,长大后要像外祖父般做一位伟大的政治家。"

其实,俾斯麦很爱他的父亲,却厌烦母亲。喜爱交际的母亲多半时间不在家,她似乎只关心社交活动,而将子女的日常生活委托给仆人照顾。她信奉斯巴达式的教育,认为小孩应当严格管教,因此她常常不是以母爱来体现对子女的关爱,而只以理智来教导他们。

不过俾斯麦对母亲的强烈反感,并不是因为母亲的严格管教,而是因为母亲不把善良的父亲放在眼里。

一个寒冷的冬夜,母亲在家中招待了许多客人,为了让客人留宿,她竟然把自己的丈夫从房内赶出。当时年幼的俾斯麦为父亲的遭遇大感不平。

这件事令俾斯麦终生难忘。

还有一次,当俾斯麦指着祖先的画像炫耀家世时,他的母亲对他说道:"不要依赖门第来夸耀自己。"然后命人将画像全部收了起来。

当时的俾斯麦在心中暗骂道:"有什么了不起!暴发户!"

这几件事的发生,使俾斯麦变得更为轻视母亲及母亲的家族。

俾斯麦的母亲是中产阶级的知识分子,她的行为代表了一般知识分子对地主贵族的感受。

俾斯麦对母亲的反感日增,同时将这种情绪转移到中产阶级的自由主义分子身上,这种憎恶情绪随着年龄的增长而加深。

## 痛苦而叛逆的少年

俾斯麦的父亲是一位善良而怠惰的人,母亲则是位性格冷酷而且喜爱社交活动的人,所以俾斯麦始终没有机会接受双亲的教诲。

母亲知道俾斯麦的禀赋优异,曾经对人说道:这个孩子将来一定会出人头地。但是她没有亲自教导他,而把一切委托给学校和家中的仆役。

因此俾斯麦在七岁到十七岁的这段重要成长期里,并未受到适当的家庭教育。

※ 少年时期的俾斯麦

八岁时,俾斯麦进入柏林小学就读,同学们都是中产阶级子弟,只有他一人是贵族后裔;而学校的教育方式极为严格,这更加深了俾斯麦的痛苦。

十二岁时,俾斯麦进入中学就读,学校是母亲选的,也是中产阶级的子弟学校。在学校里,他处处受到同学的排挤、揶揄。

"等着瞧吧!看看最后胜利的是中产阶级还是我们贵族!你们等着瞧吧!"俾斯麦经

常这样在心中嘶喊。

当时俾斯麦喜爱的学科是语言学,他很有这方面的天赋。他首先学的是英语,后来他能流利地运用英、法两种语言。此外他也学习俄语,并略通荷兰语、波兰语。这是他日后成为卓越外交家的重要本钱。

很多大政治家在年轻时代都爱阅读历史书籍,俾斯麦也不例外。除了语言学外,他深爱历史学。他研究古希腊史及古罗马史,精读德意志史和英国史。

大概是从这个时候起,俾斯麦养成了晚起的习惯。他任首相时通常要睡到早上10点才起床,而他头脑最清晰的时刻是在夜晚。这是患有脑神经疾病的人常有的恶习,而俾斯麦一生都被神经系统的疾病所困扰。

俾斯麦从十五岁起,每年夏天都要回到乡下的家中度假。他在家中时,只有一位家庭教师、一位女仆以及长他五岁的哥哥为伴。他的母亲则整日忙于社交活动,根本无暇去照顾他。

俾斯麦的父母对任何宗教都不热心,这使得幼年的俾斯麦没有机会接受宗教教育。他晚年曾说,父亲并非基督教徒,而崇尚理性的母亲更不相信这种传统宗教。

在冷淡的家庭生活和不愉快的学校生活双重压迫下,俾斯麦比一般青年早熟,也逐渐养成了凡事怀疑的态度。他对人生的看法有自己独特的见解,根本没有少年的天真、憧憬之心或青年诗人的浪漫情怀。

没有温暖的环境,就极易使人误入歧途。俾斯麦十五岁时,常调戏邻家的美丽少妇,而十六岁时,则在马车上和一位美丽的保姆发生了不正常的关系,并且停止了每日的祈祷。他自言道:

"祈祷与我对神的观念不符合。如果神真是全知全能者,就算我不祈祷,神也会按照其方法支配一切,引导我的行为。如果我的意志是独立的而与神无关,就要以自己的意志来影响神的傲慢不逊。因此我认为祈祷是不必要的。"

这种话出自十六岁少年之口,实在让人吃惊。

少年时代的俾斯麦在精神上遇到了很大的危机,这多是环境的原因。像他这种性格刚烈之人,在不如意的环境中极易生起反抗心理而误入歧途。

十七岁时,俾斯麦进入哥廷根大学就读。

# 声名狼藉的大学时代

俾斯麦进入哥廷根大学之后,很快便成为全校知名的人物。

当时一位叫约翰·马特利的美国留学生与俾斯麦同班。他与俾斯麦很快就成了无话不谈的好友。这位美国青年后来成为外交官及历史学家,而且颇有名气。

马特利曾在他的著作中提到俾斯麦,他这样写道:

> 他还很年轻,刚满十七岁,却少年老成,与一般的同学不同。我从未遇见过面容这么忧郁的男孩子,可是与他交往之后,我渐渐发现他有副令人着迷的容貌。他的头发蓬乱,发色红褐,脸上满是青春痘,眼球中央几乎透明,而周围是红色的圆圈。他最近与人决斗,由鼻头至右耳留下了伤痕,听说缝了十四针。前几天,又被人剃了眉毛。我相信任何人见了他,都会认为他是一位与众不同的怪物。
>
> 他的身体消瘦,虽然未完全发育成熟,但身材很高。

※哥廷根大学

铁血宰相——俾斯麦

我看不出他的上衣属于何种式样，因为既没有衣领和纽扣，也没有颜色；下身穿着裤裆宽大的裤子；鞋子后跟钉有铁钉，并加上马刺。他的衬衫不扎领带，而且还将领子敞开。他的头发很长，盖着耳朵甚至到达肩膀，并且在唇上蓄有八字胡。

最后还有一个特别醒目的地方，他的腰间佩有一把很长的西洋剑。

俾斯麦就以上述模样牵着一只大狗在大学里昂首行走。如果有人因看到他的奇怪模样而取笑他，不管这人是他的学长还是学弟，他一定会与对方决斗。当时的学生都用西洋剑来一决胜负，在三个学期间，俾斯麦共决斗了二十七次，且每次都大获全胜。只有他那鼻头至耳部的伤口是唯一的伤痕。

俾斯麦因为剑术高明，喜爱滋事，成为全校学生都畏惧的人。另外由于他不遵守校规，所以在学校期间，常常被关在大学开设的禁闭室中。

俾斯麦曾自信地说："在学校，我要做他们的头领；将来进入社会，我就要做社会的领袖。"

但是，初年级的第一学期尚未结束，马特利就在日记中叹道："英雄的资质，恐将因此而毁。"

俾斯麦的父母希望他学法律，日后成为外交官，所以将他送入大学。但是在大学里他并不认真读书，浪费了时间和金钱。他的收获不是知识，而是一身的债务。

当时他对政治毫无兴趣，尽管有著名的教授讲解政治，他也毫无兴趣。

他在大学中交到了两位好友，一位是前面已提到的马特利。俾斯麦很喜欢这位潇洒的、有着过人智

※柏林大学

※19世纪的柏林大学

慧和温和性格的美国人。

另一位好友是凯塞林,他是一位头脑清晰、极具才华的青年,在闲暇之余能够随时为俾斯麦弹奏贝多芬乐曲,以疏解他的抑郁之情。

那时的俾斯麦对人生感到厌倦,因而他常常酗酒、打架、沉溺于女色。

由于他名声恶劣,有一次他要到耶拿游玩,耶拿大学马上召开教授会议,决定不许他进入校区。

在哥廷根大学待了一年半后,俾斯麦深知长此以往不是办法,所以和好友马特利一起转至柏林大学。不过,他转入柏林大学前的最后一件事是完成在哥廷根大学未完的学业。

在柏林大学,俾斯麦对法律仍然不感兴趣。当时虽有一位自然法学的权威教授塞维尼在校授课,但富有个性的俾斯麦也只上了两三堂课而已。

不过在柏林大学的两年并未完全浪费,俾斯麦看了许多哲学家与大文豪的著作,如斯宾诺莎、黑格尔、歌德、莎士比亚等,同时他再度发挥其在历史学上的天赋,阅读国家历史,这些对他日后的成就起到了非常大的作用。俾斯麦虽然对普通学科并不用心,但对课外读物却花费了相当大的工夫。

## 出任夏伯尔书记员

在母亲的安排下,俾斯麦来到了夏伯尔,这个小镇是罗马人发现的温泉胜地,查理曼大帝登上神圣罗马帝国宝座时(公元800年),曾以此地作为首都。拿破仑垮台后,此地成为普鲁士领土,因为气候、古迹及温泉方面的作用,吸引了欧洲各国社交界名流。而一心一意想使自己儿子成为一位外交官的俾斯麦的母亲,认为俾斯麦在此必定大有前途。

这个小镇曾在德、法两国间数度易手,所以有很多法国人住在此地,同时由于气候与地理的关系,也聚集了许多英国名流,可以说这个小镇是德、法、英三国文化的交流地。

此地的领主是普鲁士人亚宁伯爵,他与俾斯麦是同乡。当时俾斯麦是带着介绍信来到夏伯尔镇的。

亚宁伯爵对俾斯麦的到来表示热烈的欢迎并热情款待,他很欣赏这位与自己同族的贵族后裔,并告诉他许多待人处世的方法。

来到这里后,年轻的俾斯麦开始学习骑术,因为许多年轻的英国仕女都爱骑马。

※ 美丽的夏伯尔小镇

有一次，俾斯麦不小心从马上跌落而且受伤不轻。待伤势痊愈后，他又踏入社交界的各种场合。那时，他常与几位英国人、两位法国人一起进入社交场所，因此认识了一位年轻貌美的女性，她是当地名门拉塞尔家的女儿罗拉，也是亚宁伯爵的亲戚。不久他就与这位罗拉小姐订婚，这是他众多婚约中的第一次。

在欧美社会，想与社会名流的女儿成婚必须花费大笔金钱。为此，俾斯麦想到一个能够获得金钱的妙计，那就是赌博，结果却事与愿违，他一败涂地，债台高筑。

后来，俾斯麦又结识了一位

※德国小镇

## 铁血宰相——俾斯麦

三十多岁的女性，与罗拉的婚约便不了了之了。

在夏伯尔，每当接到故乡来信，俾斯麦就深为苦恼。因为母亲的浪费无度和父亲的软弱无能，使家道日益衰落。虽然他心里着急，想发愤图强，继续用功，但是抗拒不了莱茵美酒、法国佳肴及英国美女的诱惑。

俾斯麦的酒量与饭量都极为惊人。

有一次宴席中，俾斯麦吃掉了150个大牡蛎。至于酒量呢，可以从一次退伍军人的宴会中得到验证，当时他将注满一大瓶葡萄酒的大酒杯一饮而尽。

另外，俾斯麦的特点是喜好女色。就以他在夏伯尔镇时期所留下的书信为例，他曾在信中警示自己："今后我要特别注意，否则前途将不堪设想。我感到自己现在的风流韵事似乎已经太过分了。"

虽然如此，不久之后，他还是又爱上了一位英国女性。她是牧师的女儿，据俾斯麦自己的描述，她是个满头金发的绝世美人，只是一句德语都不懂。

俾斯麦在工作上从来不请假，但这次他与牧师一家到德国南部的温泉胜地威斯巴登度假，并和牧师之女订婚——这是他的第二次婚约。后来，他从瑞士写信向服务机关首长请假，不久之后又提出辞呈。

就这样在六个月内，他一直陪伴着这位英国小姐，当时他曾写信给朋友说：

*我们预定明年春天在英国结婚，希望你能参加我们的婚礼。*

可是六个月后,他再度写信给朋友时,情况却发生了变化:

她答应了我的求婚,但在订婚两个月后突生变化,一位英国陆军上校横刀夺爱,虽然他已年过五十,且仅有一臂,但是他有四匹马,年收入约22500英镑。而如今我两手空空,身无分文,内心郁闷,决定即日内搭船返乡。

当时的俾斯麦可能陷入了极大的困境中,身体的健康情况也不佳,在他的信中错字很多。

就这样,这位浪荡公子终于回家了。

不过,他的家中又发生些什么事情呢?

※ 温泉胜地威斯巴登

铁血宰相——俾斯麦

## 母亲之死

此时,俾斯麦家已是债台高筑,陷入困境。母亲因对子女感到失望,加上身体不好,最终卧床不起。善良无能的父亲彷徨无措,对理财之道完全是个外行。而俾斯麦却在这个关键时刻抛弃了他的锦绣前程,不但被牧师之女甩掉,而且还身负一千英镑的债务,带病返家。

卧病的母亲见到不成材的儿子,气得脸色苍白,而一向慈祥的父亲也面露不悦之色。尽管母亲病重,但他还是四处奔走,为儿子在柏林郊外波茨坦找到了一个小职员的职位,可是俾斯麦做了不到三个月就不辞而别了,理由是他看上司不顺眼。

这时家中已濒临破产,母亲被诊断患了癌症,需要到柏林治疗,但不久之后便又返回了兴奥森。

家中所欠的债务必须用高利贷偿还,破产已经迫在眉睫。

情急之下,俾斯麦想出一计。他想找回大哥,两人合作经营这块八千平方千米的田地。

父亲马上同意了,母亲也没有意见,因为她知道自己已经活不了多久了。

※1823年,时奥托(俾斯麦)八岁时,他的妈妈——威廉明妮

不久，母亲去世，时为1839年，享年五十岁。这位一生追求名利的女性，一直梦想着儿子飞黄腾达，却在失望中去世。她万万没有想到，她死后二十三年，这位游手好闲的少年，竟成为普鲁士王国的首相，同时被誉为"欧洲第一英雄。"

母亲的去世，对俾斯麦而言，是一个人生转折点。随着母亲之死，家中经济发生了巨大变化。

父亲只好在乡下自由自在地度其余年，由俾斯麦和大哥接管田地，挽救家庭经济危机。

现在，我们来看看他当时写给表妹的信件：

我并不喜欢当官，即使能晋升为皇室大臣，我也不认为那是幸福的事。因为我认为种田和写公文一样都是工作。有时前者可能较后者对我更为有益，因为我的个性是不喜欢听命于人，而喜欢命令他人的。

对于少数政治家而言，担任公职是出于爱国之情，不过大多数人的动机并不纯，不外是追逐功名利禄而已，我也不能说自己全无此心。

官场生涯即使顺利，也难在四十岁以前名利双收。假如有所成就，就必然会损害自己的健康，使自己的妻子像个护士般地伺候自己。

我并不向往这种虚荣的生活，所以，我把追逐名利的职位让给别人，而自己却以自由独立的方式谋生。

从这位二十四岁青年的信中，我们可看出他对人生的看法是如此地冷静透彻。

俾斯麦之所以对从政生涯感到失望，是因为他知道做一位部长或大臣后必须牺牲自己内心的自由与独立，让自己变成半死之人，毫无代价地消耗创造精神，断送青春，最后得到的报酬却只不过是被人们称呼一声"阁下"，或接受一些代表虚荣的勋章，同时在柏林配给一间住宅。相比较而言，这种牺牲实在太大了。

所以俾斯麦决定从官场退出，经营田庄，做个自由自在、无拘无束的地主，享受自己的余生。

在这种心情的支配下，俾斯麦开始了他的农村生活，不过这能持续多久呢？

## 对田园生活的倦怠

长久的田园生活使俾斯麦感到极端烦闷。他已三十岁了。对他而言，农庄事务已不再新鲜，而读书、旅行、饮酒仍无法消耗他充沛的精力，他产生了厌倦、郁闷与彷徨的心理。

他在日记中写道：

我已经孤独地在庄园中生活了五年，已无法再忍受乡下地主的生活。我正考虑该不该去做一位公务员，或再到更远的地方去旅游，我实在很无聊，

※德国乡村

# 从田园到政界

《 图 说 名 人 》

### 名人名言

第一流的政治家应具有能力，比别人先听到遥远的历史马车的马蹄声。

——俾斯麦

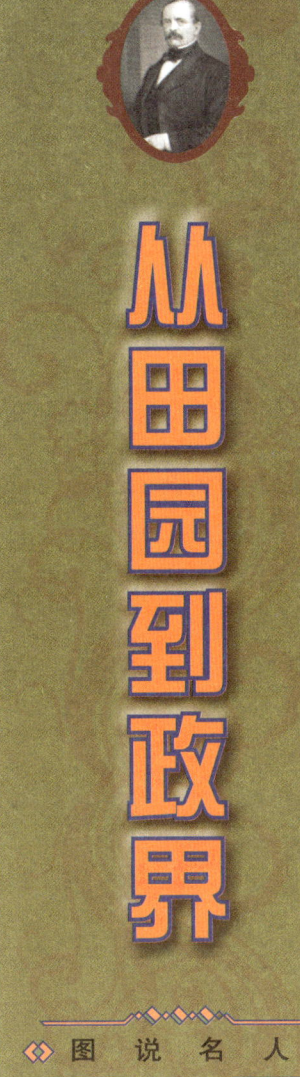

像现在这种孤寂的生活实在乏味。与其这样，倒不如吊死算了！我想纵使是个有教养的人，独自住在乡下，也会有这种感受的。

他还写道：

最近不论我如何，豪饮都不易醉倒，我实在怀念以前那种狂饮烂醉的滋味啊！

妹妹的出嫁，更增加了他的孤独感。

他在给新婚不久的妹妹的信中写道：

最近我的生活很单调，每天巡视橘子园两次，察看羊舍一次，每个小时观察家中的四个温度计和晴雨表，然后将家中所有的钟表对时，最后再将书房中会报时的大钟对准。这就是我最近生活的一切。

他也曾再次出任公职，但不到三个月，便由于与上司发生冲突而辞职。

他还代替大哥担任过州议员，但不久后又觉得："我疲倦，马也疲倦。"因而不再出席议会。

俾斯麦虽拥有过人的精力和非凡的才干，但时运不济，以至于闷闷不乐地隐居在田园，这段时间是他生活上的倦怠期。

不久，俾斯麦终于发现属于自己的日子来临了。

1845年，他的父亲去世，他为了要继承兴奥森的爵位，而离开库宁堡返回故居。他将库宁堡庄园出租给别人，当一切手续办完后已是傍晚时分。他想向四周景色告别，所以走向牧场、田地、森林和小溪，心中充满着无限的依恋。

他虽然性情粗暴，但性格中仍有细腻的一面。比方说，后来他做首相时，有一次遇到伤心事，竟然在众人面前放声大哭。

俾斯麦实在是舍不得离开这充满了回忆的地方。但他为何一定要到兴奥森呢？因为当地有一份公职等着他就任。如果一切顺利，不久便可竞选州议员，而后竞选国会议员，这样，他就可以大展宏图了。

现在他想要追求的是名利。他明白自己不能像父亲那样终老乡下，他的血液里还有来自母亲的基因。

他现在期盼的并不是成为地主贵族，而是能够登上普鲁士王国的政治舞台，进而迈向全欧洲的政治之路。

同时俾斯麦身上还产生了另一种变化，这就是他重拾了爱与

铁血宰相——俾斯麦

信仰。

在他离开库宁堡数年前,当地便已开展宗教复兴的运动,他的许多好友和亲人都脱离了自由教会而加入路德教派。

玛丽小姐是俾斯麦的好友之一。她是有张鹅蛋脸的美丽女子,与俾斯麦的好友毛利兹订了婚。她第一次看到俾斯麦时就爱上了他,但她已订了婚,而且信仰虔诚,只得一直隐藏自己心中的这份感情。可是她决定拯救自己心爱的俾斯麦的灵魂,使他重回教堂。

纯真的玛丽想为俾斯麦做的另一件事就是替他找一位理想的终身伴侣,她打算把自己的好友乔安娜介绍给俾斯麦。

玛丽与毛利兹结婚后,一天,邀请俾斯麦和乔安娜到山上郊游,这是俾斯麦与乔安娜的初次会面。

当时正流行感冒,玛丽因这次郊游而生病,且病情严重,临终前,她将俾斯麦叫到床边,求他为她祈祷。

"在我闭上双眼之前,请你为我祈祷吧!"

性情刚烈的俾斯麦终于被玛丽说服,跪在床前虔诚地祷告。这是自他十六岁停止祈祷后,相隔十五年后的第一次。

虽然父母的死都未使他流泪,但玛丽之死使俾斯麦第一次感到椎心泣血的悲痛,他跪在玛丽的床边痛哭失声。

他说:"这是我第一次感受到死别所带来的空虚之感!"

然而,他认为玛丽的灵魂绝不会轻易死去,因此开始进一步地思考永生的问题。

数周后,俾斯麦向乔安娜求婚。其实乔安娜早已爱上了俾斯麦,只是她一直期待俾斯麦能恢复信仰。当乔安娜看见俾斯麦跪在玛丽床边祈祷时,便已下决心为这位不平凡的男性奉献一切。

两人立即订婚。这一切都是玛丽所安排的,这位命运之神——善良的玛丽给了俾斯麦信仰与妻子。

※ 柏林大教堂

## 坚定果敢获得爱情

俾斯麦与乔安娜的感情并非一般所谓的爱情。浪漫的俾斯麦过去曾结识许多美女，更是有过三次订婚的记录。但是，乔安娜是位没有美丽的容貌，也无特殊才华的普通女子。她瘦小、黑发、灰眸，说她是北欧女子倒不如说是意大利女子。她不像玛丽般理智，反而有激动的感情；她行事总是欠考虑，会因一时的冲动而独断专行。同时她的好恶分明，会为自己喜爱的人牺牲一切。

已步入而立之年的俾斯麦，所渴望的已不再是恋爱的伴侣，而是一位能够安慰他、拯救他脱离内心的空虚与忧郁，同时能为他建立一个安定家庭的妻子。他要的妻子是不反对他，而支持他的女性。像他母亲那样与丈夫背道而驰，终日忙于社交的女性，他是绝对不会要的。

如此看来，乔安娜正是他的理想对象。而对乔安娜而言，俾斯麦也是位出乎她意料的好丈夫。

如今，俾斯麦第一次感到内心平和。现在的他是很幸福的，过去那种强烈的厌倦感已消失不见，他重拾了人间的真情。

※ 三十二岁的俾斯麦与乔安娜结婚照

铁血宰相——俾斯麦

※拿破仑三世

然而，俾斯麦与乔安娜的前途仍有障碍，那便是乔安娜的父母。他们认为，自己可爱的女儿不能随便嫁给一个品行恶劣、毫无宗教信仰、举止粗暴的酒鬼。

但是俾斯麦找到了自己理想的伴侣，而且已获得乔安娜的许诺，即使她的双亲反对，他也绝不会轻易地放弃。因此这位政治家很快便下定决心，要将乔安娜从她父母的手中夺来。

首先，他开始了书信攻势。

他从兴奥森写了许多信给乔安娜，其内容不外是告诉乔安娜，他的生活充满了宗教信仰，再加上乔安娜的感化，更坚定了他的宗教信仰之心。

他相信信件的内容必然会传到乔安娜双亲的耳中。乔安娜的父亲热衷于宗教复兴运动，对自己女婿的第一要求就是他必须怀着坚定的宗教信仰。

当这些准备工作完成后，俾斯麦采取了更进一步的措施和手段，这是很有效的方法，也是后来他对德国国内政治家和欧洲各国外交官所惯用的方法，我们由此也不难发现他的政治天赋。

有一天，俾斯麦去拜访乔安娜的父母。

他请求乔安娜的父母答应他与乔安娜的婚事，他说："现在我不想说我对令爱的感情是如何的深厚，我相信你们可从我的言行中看出，而且我不必立下无谓的誓言，因为如何判别一个人，你们必定很清楚。对于令爱日后的幸福我所能保证并切实做到的就是日夜对神祈祷。"

以上这段话实在不像是出自一个三十二岁的男人之口，反倒像一篇一流的外交官辞令。

但是乔安娜的父母并未因此动心，乔安娜固执的父亲在心中自忖道："你这小子，我连一次有关你的好评都未曾听过。"

正在僵持不下之时，乔安娜从房内走出来，这位未来的外交家毅然地采取行动，他突然站起来，走到乔安娜身旁，拥抱亲吻。

此乃奇袭之计。这种奇袭之法后来他也数度应用于威廉一世、德国多数政治家及拿破仑三世的身上，他的对手也大都败于此奇袭策略之下。

乔安娜的父母为此大吃一惊，他们未曾料到俾斯麦竟然敢在客厅，甚至他们的面前拥吻他们的女儿。他们不得不答应了他与女儿的婚事。于是，俾斯麦与乔安娜公开定亲。

订婚之后，俾斯麦发生了极大的改变。过去那种单身汉时的狂妄习性完全消失，隐藏于内心的英雄本色开始展现出来。

铁血宰相——俾斯麦

## 柏林革命的爆发

**1847**年秋，俾斯麦与乔安娜结婚。经过大约两个月的新婚旅行后，他们回到了兴奥森。

他们的婚姻生活一直都很幸福，乔安娜的宗教信仰逐渐弥补了俾斯麦心灵上的多疑和空虚，乔安娜牺牲奉献的精神换来了家庭的安宁祥和。俾斯麦非常幸运地娶了一位与他母亲截然不同的女性。

新婚旅行回来之后，俾斯麦在兴奥森度过了六

※ 图为欧洲1848年革命，具体是指1848—1849年主要发生在法国、德意志、奥地利、意大利、匈牙利等欧洲国家的资产阶级民主民族革命

个月的快乐时光，这期间国王已将议会解散。这短短的六个月，可能是俾斯麦一生中最平和的时期。

第二年即1848年，德国柏林爆发了著名的自由主义的革命运动。

1848年3月19日，当俾斯麦带着新婚妻子拜访朋友华尔顿伯爵时，屋外突然传来一阵急促的马蹄声，马车停住后，几位女佣匆忙跑入屋内说："不好了！不好了！柏林发生革命了，国王已被民众俘虏，幸好我们逃了出来。"

俾斯麦立即与妻子回到兴奥森家中，他一展抱负的机会终于来了。

他要走的路只有一条——无论如何要保护国王，镇压革命。

他迅速召集镇上所有的农户讨论攻击柏林的计划，集中村内所有的武器——共有七十支枪，并马上派人到镇上购买弹药。俾斯麦决定以这些武器和人马去镇压柏林革命。

然而，俾斯麦马上恢复了政治家的本性，否定了这种轻率的举动，决定单身前往柏林。途中他经过国王的行宫波茨坦，才知道国王已下令禁止很有可能夺回柏林的御林军出动。他为国王的怯懦感到愤慨，立即求见国王的弟弟威廉亲王。不巧的是这位亲王已逃离皇宫，俾斯麦只好退而求见亲王的王妃。

俾斯麦被引入佣人房内，王妃早已在等候他的参见。因为怕人窃听，所以才安排在佣人房内会谈。他们商议着一件惊人的计划，这件事影响了俾斯麦的一生。

据俾斯麦亲笔回忆录所记载的谈话内容是：

*王妃拒绝回答我的问题（俾斯麦想知道亲王的行踪），反而说她有权保护自己的儿子。王妃认为国王和自己的丈夫已无法保有王位，所以想让王子登基，在王子未成年时由她摄政。为了这件事我正式求见自由党首领温克。*

短短的叙述中却含有深刻的意义。

## 知识链接

### 威廉四世

腓特烈·威廉四世少年时曾在1814年参加解放战争，对抗拿破仑的军队。他对建筑学及风景园林颇有兴趣，是当时著名建筑家卡尔·弗里德里希·申克尔的老主顾。他在1823年与巴伐利亚公主伊丽莎白·路多薇卡结婚。

## 铁血宰相——俾斯麦

1848年3月，1848年革命爆发。这位国王想以军队镇压革命，但在3月19日就决定撤军，并自任政府元首。他马上投入德国统一的事业，组成了一个自由主义政府，并召开国民议会和下令草拟普鲁士王国宪法。但是，腓特烈·威廉四世在后来确定自己的地位稳固后，就马上命令军队包围柏林并在12月解散议会。

虽然如此，他仍然支持统一运动。于是，在1849年4月3日，法兰克福国民议会邀请他出任统一德国的皇帝，被他拒绝。腓特烈·威廉四世认为自己不能接受"拾取在沟渠上的皇冠"，结果令议会被迫解散。他尝试成立爱尔福特联盟议会，企图统一德国而排除奥地利于统一的德国之外。然而，基于奥地利的强烈反对，他被迫放弃计划，在1850年11月29日签署《奥尔米茨条约》。

虽然腓特烈·威廉四世反对民主的国民议会，却没有恢复官僚统治。他最终通过了一个新的宪法，设置两会制的议会，由贵族代表上议院，下议院则由民选产生。下议院由所有纳税人选出，但选举资格则基于缴税额，不能实现普选。宪法容许国王任命部长的权力，并重建了保守的地方议会，也保证国王能操纵军队与官僚。这种制度比以前更为自由，但始终是一种保守制度，让国王、贵族与军队阶层掌握大权。这种宪法一直到1918年普鲁士王国被废除后宣告结束。

原来，普鲁士国王威廉四世是一位没有主见的君主，一会儿赞成君主专制，一会儿又同情自由主义，意志薄弱。国王没有王子，他的弟弟威廉亲王是继承王位的第一人选，可是威廉亲王是一介武夫，而亲王王妃是威玛王公之女，精明能干，她认为国王已宣布退位，而自己的丈夫没有希望继承王位，所以打算让自己的儿子登基，由她摄政，以维持普鲁士的君权。

亲王王妃早就得知俾斯麦是议会中保守派的硬汉，所以想借他的力量集合保守党人士实现她的计划。但是这个计划若失败就等于犯了叛逆罪，俾斯麦应该如何处理呢？

俾斯麦的日记上只有草草两句话："为了达成此目的，我正式求见温克，要求自由派人士协助。"但事实上，温克对此事是个热心的

※普鲁士早期贵族

赞助者,俾斯麦却是个反对者。

当俾斯麦去拜访温克时,温克极为热心地告诉他应以王妃之力去说服保守派人士。

可是俾斯麦威胁温克说:"这样做会犯叛逆罪!"

温克大为恐惧,所以放弃了支持王妃的念头。这就是当时的真相。

王妃因计划未成而怨恨俾斯麦,处处反对俾斯麦,后来形成宫廷内的反俾斯麦党人,使俾斯麦受到诸多困扰。

俾斯麦离开温克家后,随后就去拜访守备柏林的军队司令官,他想借助军事力量镇压暴乱,但未能如愿。俾斯麦又想请国王下令出动军队,因此转赴王宫,却无法谒见国王。失意之余,只好黯然返回兴奥森。

1848年,他的做法失败了,但是他以这样的态度处事,离他获得辉煌成就的日子也不远了。

国王威廉四世在答应民众的要求,决定公布宪法后,才被允许从

## 知识链接

### 柏林1848年革命

革命前夕,德意志是一个四分五裂的邦联,德意志邦联由三十五个邦和四个自由市组成。这种分裂状态严重地阻碍着资本主义的发展。南德的巴登公国首先发难,迅速波及德国西部和西南诸邦,各地相继成立了资产阶级自由派内阁政府。3月13—16日,普鲁士首都柏林的工人、市民和大学生连续举行示威游行,并同政府军展开战斗。国王腓特烈·威廉四世调动大批军队,向起义中心地区进攻。经过激烈的战斗,起义人民取得了胜利。国王被迫把军队撤出柏林,同意召开有资产阶级参加的议会,并于3月29日任命资产阶级自由派首领康豪森组阁,柏林三月革命的胜利果实落入资产阶级手中。

# 铁血宰相——俾斯麦

德意志各邦革命的胜利,并没有解决德意志的统一问题。资产阶级以解决德意志统一为名,于5月18日在莱茵河畔的法兰克福召开国民议会。参加法兰克福国民议会的都是资产阶级的代表人物。会议没有取得任何实际结果。6月29日,议会选举奥地利帝国的约翰大公为德意志帝国摄政,并组成了帝国政府。1849年3月,议会通过帝国宪法,确定某些自由、民主权利,选举普鲁士国王腓特烈·威廉四世为统一的德意志帝国皇帝。但威廉四世拒绝加冕,普鲁士和奥地利各邦君主也不接受国民议会通过的宪法。同年5月,德意志西南各邦人民发动起义,掀起维护帝国宪法的斗争,结果失败。这期间,大多数议员被各自的邦政府召回,剩下的议员迁到斯图加特,最后于6月18日被符腾堡的军队驱散。7月,法兰克福国民议会瓦解,德国1848年革命结束。

柏林王宫返回到波茨坦宫中。国王回宫后,立即命自由主义派内阁拟订新宪法,并召开新议会。俾斯麦以新议员的身份出席了议会。

议会召开时,首先宣读了国王诏书,文中确定当德意志统一之后,普鲁士必须是德意志的一部分并尽其义务。

俾斯麦听了之后,忍不住跑到了讲台上。他因过于激动而数度语塞,但是他仍大声说道:"如果按照一种崭新的方法来统一德意志,建设德意志,我也会由衷地赞成,但是目前是不可能做到的……"

话没说完,他因过度激动又再度语塞,同时流下了眼泪,在讲台上放声大哭。他是气愤国王过于懦弱,向人民和自由主义者屈服,丧失了统一德意志的机会。

俾斯麦是个普鲁士至上主义者,他相信只有靠普鲁士精锐的军队才能统一德意志,光靠民众和议会是绝不可能完成统一大业的。因此当他看到国王向自由主义派屈服时,全身热血沸腾,禁不住激动得放声哭泣。

然而,俾斯麦的做法却没有得到议员们的谅解。议员们认为立宪是时代潮流,而他们面前竟有一位不合潮流的贵族议员,仍在怀念中世纪的封建时代,这实在让他们难以容忍。

在1848年的欧洲政治舞台上,俾斯麦应该说是一位落伍者。

# 担任法兰克福大使

**德**意志人民十分企盼德意志的统一,但只要奥地利首相梅特涅存在一天,统一德意志的愿望便难以实现。梅特涅在法兰克福召集德国邦联会议,讨论德意志问题,派遣奥地利大使为议长,建立奥地利霸权。

让人意想不到的是,1848年的自由主义暴动赶走了梅特涅,德国诸邦的自由主义力量逐渐抬头,准备以人民自由、独立的名义,完成德意志的统一运动。

1850年夏,奥地利决定在法兰克福重新召开停废已久的德国邦联会议,同时通知普鲁士参加。此举完全无视普鲁士在艾福召集德国北部诸邦组织邦联的事实。加以德国北部诸邦的一个邦国废止了1848年革命时期制定的宪法,恢复奥地利式的专制政体,并得到奥地利的庇护保证,这纯粹是对普鲁士提出的公然挑战。

当时自由主义者主张以普鲁士为中心,建立立宪的德意志,而反对者则希望以奥地利

※法兰克福金融区夜景

## 铁血宰相——俾斯麦

为中心建立专制的德意志。

普鲁士屡次受到奥地利的侮辱，国民愤怒之情高涨，威廉亲王、外相及参谋总长等，一致主张对奥宣战。

俾斯麦却主张和平解决此事，这是他觐见国王后所表示的态度，同时也是代表保守的内阁阁员的想法。他的这种态度，与其说是对战事没有胜利的把握而造成的，倒不如说是恐惧战事的结果会使国内自由主义者的势力趁机扩大。因此俾斯麦主张的合理办法是与专制主义的奥地利讲和，以防止普鲁士国内自由主义的势力增长。

接替梅特涅为奥地利首相的是舒森堡。1850年11月，舒森堡召见了普鲁士的首相兼外相曼特斯斐，对其严词责备。普鲁士首相忍受了这些屈辱，表明普鲁士无意领导统一德意志，并保证重回两年前脱离的法兰克福邦联会议。

此事传到柏林后，全国国民大为激愤，宣战的怒涛声四起。

平素比任何人都重名誉、爱国家而易怒的俾斯麦，究竟会持什么样的态度呢？

他站在议会讲台上为政府辩护，支持首相兼外相所做的决定。

他极力说明对奥宣战的不利后果，并对自由派议员说："各位曾在1848年3月19日柏林革命时，企图把普鲁士军队改为议会的军队，这是万万使不得的，因为普鲁士军队永远是国王的军队，这次的约定并未损及普鲁士的名誉，普鲁士真正的名誉是不与民主主义同盟。"

这段话代表了俾斯麦一向坚定的信念。

### 知识链接

#### 普鲁士与奥地利的关系

德意志民族的产生是一个延续了许多世纪的过程。一般认为，德国历史开始于公元919年。在这一年，萨克森公爵亨利一世取得了东法兰克王国国王之位，建立了德意志王国。亨利一世的儿子鄂图一世继承王位后为了取得所谓上帝授予的皇权，于公元962年强迫教皇约翰十世在罗马给他加冕，称为"罗马皇帝"，德意志王国便称为"德意志民族的神圣罗马帝国"，史称"第一帝国"。神圣罗马帝国始终不是一个中央集权的统一国家。随着地方封建势力日益强大，皇帝的权力便不断衰落，形成了不少的邦国。在这四分五裂的帝国中，最大的两个邦国是普鲁士和奥地利。

在17—18世纪时，它们都发展成为当时欧洲大陆的强国。19世纪初，当拿破仑占领德意志时，取消了德意志的神圣罗马帝国皇帝称号，有名无实的神圣罗马帝国就不复存在了。19世纪后半期，普鲁士通过三次王朝战争，实现了德国在普鲁士控制下的统一。1864年对丹麦战争后，普鲁士和奥地利迫使丹麦割让石勒苏益格——荷尔斯泰因地区。在1866年普鲁士和奥地利的战争中，奥地利败北，于是奥地利不得不脱离德意志邦联。德意志邦联解体后，代之而起的是包括莱茵河以北所有各邦在内的、由普鲁士主导的北德邦联。普鲁士在1870年爆发的普法战争中击败法国，翌年1月18日，普鲁士国王威廉一世在法国凡尔赛宫加冕为德意志皇帝，是为"第二帝国"。

而俾斯麦这次的演说却另有目的。他不是说给议员们听，也不是说给人民听，他的目的是要把这番话传到国王耳中。他的志向是脱离议员身份而担任政府要职。

俾斯麦的大胆演说果然有了效果，次年春天，他被任命为驻法兰克福邦联会议的普鲁士代表，随后升任为大使。这是普鲁士重要的外交使臣。这对于年仅三十六岁的俾斯麦来说，应该算是破格提拔了。

在法兰克福出任大使，是俾斯麦一生中的重要转折点。

俾斯麦在政治上才华横溢，19世纪的欧洲历史正是在他的影响下展开。

法兰克福时期是俾斯麦思想上的转折点，从他的私生活上的变化

※德国的城市法兰克福

就可以看出，他似乎变成了另外一个人。

以前，俾斯麦毫不在意自己的职位，不如意时就随意辞去，非常任性。在那栋有着一百五十年历史的住宅中，他被农奴称为男爵，兴

铁血宰相——俾斯麦

※ 今德国联邦议院

中，可看出俾斯麦花费了极大的心机笼络吉拉。吉拉是军人出身，为宫中阴谋家，他看出与俾斯麦携手将对自己有利，所以尽量在国王面前为俾斯麦说好话。

俾斯麦第二个要奉承的人是当时的首相兼外相曼特斯斐。说起来曼特斯斐才是俾斯麦真正的上司，因为俾斯麦为驻外大使，一切都得听命外相，所以这位首相兼外相理应是他最需要巴结之人。但是在君主专制国家，政治实权并不属于内阁，所以对俾斯麦来说，取得曼特斯斐的好感远不及得到宫廷的信任更为重要。

俾斯麦明白，如果不能得到皇帝的信任，首相之职便轮不到他。这也是专制政体下为人臣的无奈之处。曼特斯斐之后的最有力继承者就是俾斯麦，因此与其说曼特斯斐是他的长官，倒不如说是他的政敌。俾斯麦深知其中道理，而曼特斯斐也十分清楚这种微妙的关系，所以在他们二人之间根本无和谐可言。

俾斯麦被任命为大使，其实并不是曼特斯斐的意愿，而是吉拉一班人的计划，所以曼特斯斐对俾斯麦怀有敌意。曼特斯斐是个心胸狭窄、性情狡诈、优柔寡断、伪称自由主义的小人，与俾

致好时不分昼夜地看书，兴致不好时带着枪，淋着大雨连续打猎数十小时，回家后，再豪饮香槟，大吃火腿，睡上十四个小时的大觉……但是在法兰克福，这些自由便不复存在，因为他必须耐心地与上司协调。威廉四世好恶感强烈，性情善变，不过他很喜欢俾斯麦，所以要讨好皇帝并不困难。而深受皇帝信任的吉拉也常在国王身边说些俾斯麦的好话，因此对俾斯麦而言，如何取悦吉拉才是最重要的事。

俾斯麦对这个介于自己与国王之间的重要人物，使出了浑身解数，极力迎合他。从他当时的书信

斯麦的个性截然不同。曼特斯斐知道自己的地位不够稳固，而俾斯麦又是一个个性刚烈的对手，所以他尽量避免与俾斯麦发生正面冲突。在表面上，他从不对俾斯麦的意见表示反对。如此一来，似乎是由驻法兰克福大使在操纵柏林的首相进行外交政策。

虽然表面上曼特斯斐不敢与俾斯麦作对，但暗地里他伺机进行破坏。在这种微妙的关系下，俾斯麦竟然担任法兰克福大使有八年之久，并且表现卓越，实在是令人佩服！由此看来，俾斯麦并不是一个傲慢顽固、有勇无谋的莽汉，而是一位足智多谋的优秀政治家。

当时普鲁士在德意志邦联的地位朝不保夕，德意志各邦互相争斗，情势混乱。同时拿破仑垮台后的国民解放运动唤醒了大家的民族意识，民族统一的运动蓬勃发展。但是统一德意志的重心应该放在哪里呢？这是爱国志士难以抉择的重大问题。

专制还是立宪？君主还是民主？保守还是自由？这些问题在不断地困扰着德意志，不但在普鲁士议会内有派系之争，同时宫廷中也形成了两大势力彼此夺权的局面。

政界与宫廷的派系斗争，常常导致普鲁士的外交政策产生分歧，引发巨变。而今地位最重要的法兰克福大使俾斯麦，决心在德国外交史上开拓一个新的局面。也就是说，他不要求自由主义人士的配合，只是希望保持国内的专制政体，驱逐邦联内的奥地利势力，再与自由主义者协调，经由普鲁士领导，完成德意志的统一。

这类伟大计划常被天才政治家所采用。如英国的天才政治家狄斯累利，曾在1867保守党内阁下实行自由党所标榜的普选政策。

可是，俾斯麦能否将专制政治与国家统一顺利地协调一致呢？事实上统一德意志必须得到德意志诸邦的支持才可行，若无国民舆论的同

※四十岁时派驻于法兰克福的俾斯麦

情，统一是不可能的。然而国民舆论操纵在自由主义者之手，而今俾斯麦与全国国民为敌，他将如何统一德意志呢？

俾斯麦不愧为天才政治家，他有其独特的见解，那就是借助普鲁士陆军的力量完成统一。这便是他后来的著名口号——"铁血政策"。

但是在时机成熟前，他将这个重大决策深藏在心中。

欧洲外交界将因俾斯麦的独特创见而产生极大的改变，俾斯麦已明确地肯定了他的政治目标——统一德意志！

法兰克福八年的大使生活丰富了俾斯麦的见识，使他领悟了时代的潮流，而奥地利大使的傲慢不逊，更刺激了他一心一意要统一德意志的决心。

俾斯麦有意驱逐奥地利势力，完成统一大业，但是如何实现这个

## 知识链接

### 腓特烈大帝

腓特烈大帝(1712—1786年)，普鲁士国王、统帅(1740—1786年)，史称腓特烈二世或弗里德里希二世。其父是普鲁士国王腓特烈·威廉一世，其母是英王乔治二世的妹妹。其自幼深受其父的军事思想和其母的英国文化的影响。1740年，腓特烈大帝继承王位，推行"开明专制"：对内维护容克地主阶级利益，进行一系列改革；在军事上扩大军队，增加军费，推行军国主义政策；在经济上致力于经济复兴，建立集中统一、讲求实效的经济管理体制；整顿司法；改革文化教育，实行宗教宽容政策；对外多次发动侵略战争，扩充疆土。1740年、1744年两次对奥作战，攫取了西里西亚；1756—1763年与英国结盟，发动七年战争，打败奥、法军队，签订《胡贝尔茨堡和约》；1772年同俄、奥第一次瓜分波兰，吞并了下维斯瓦河流域的西普鲁士，使波美拉尼亚与东普鲁士连成完整的一片地区；1778—1779年发动对奥的巴伐利亚王位继承战争，进一步加强了普鲁士在欧洲的地位；1786年联合北部和中部的十五个德意志邦国，组成"诸侯同盟"，打击奥地利，扩大普鲁士在德意志境内的影响。其政策促进了普鲁士的发展壮大，但连年战争给人民带来了深重灾难，也助长了后来的德国军国主义的形成。

理想呢?他想从担任首相开始。

法兰克福的邦联会议虽由日耳曼诸邦派代表参与,但实际上是由奥地利大使掌握全权。尤其自腓特烈大帝以来,奥地利视普鲁士为第一大敌,经常借机侮辱挑衅。

法兰克福会议的议长是奥地利大使,他总是以上司对下属般的态度来召开会议。奥使召见诸邦使节时,都坐在椅子上,来访者则必须站立回答,会议席上,唯独奥使口叼雪茄,其他公使则一概不许抽烟。

性情刚烈的俾斯麦对此当然无法容忍。一次,当他拜会奥使时,见奥使坐于椅上,他便不发一言地拉了一张椅子坐下与奥使交谈。他的举动打破了数十年的惯例,此后各国公使也都与奥使对坐交谈。又有一次,俾斯麦见奥使在议席中口叼雪茄,他便走到议长面前,掏出口袋中的雪茄对他说道:"借个火吧!"

在各国大使惊愕的目光下,俾斯麦点燃了雪茄,然后大模大样地走回自己的席位。从此以后,各国公使也都照样在会议上吸烟,数十年的惯例终被打破。

还有一次,奥使擅自篡改会议记录,并向议会报告:"如果诸位认为记录有误,无异在指责我是个说谎者。"

※ 今德国国会大厦外景

当时奥使高高站在议席上傲视着全场,想不到俾斯麦当即站起来说:"一点不错,阁下就是个说谎者!"奥使当下就要与俾斯麦决斗,而俾斯麦立刻接受挑战。后因经人调解,订正记录,才将此事平息。

后来继任奥使者也同样更改会议记录,俾斯麦也同样地激烈抗议。奥使依照绅士礼仪要求决斗,并决定在附近森林中采用手枪决斗的方式。俾斯麦则泰然自若地回答道:"何必到那么远的地方去呢?就在这庭院中决斗好了。现在身边就有手枪,我可以马上叫大使馆的武官做见证人,你也立刻选定一个见证人,这样不就一切都解决了吗?不过在决斗之前我有一个要求,我得把这一切经过写信告诉国王,请你

铁血宰相——俾斯麦

给我一点时间。不然的话,世人会误以为我不循外交途径而以武力解决这件事情呢!"

于是,俾斯麦立即提笔写信,奥使在惊慌之余,只得俯首认错,取消决斗之事,两人言归于好。

作为国家大使,行事必须谨慎,稍有差错便会引起两国间的战事,俾斯麦屡次与奥使作对,当然了解此中的危险,但他能以国家利益为重,可见其过人的勇气。而奥使无法以武力使他屈服,可知除了勇气之外,他还有过人的智慧。

曾经有一位奥使评价俾斯麦说:"他的头脑明晰,为了达成目的可以不择手段,且深谋远虑,行事坚决,是位可怕的人物!"

在一次晚宴时,奥使见俾斯麦胸前挂了许多勋章,故意问道:"这么多的勋章,是你在哪次战争中立功而得的呢?"

俾斯麦却提高声音正色回答道:"这些都是在法兰克福战争中立功而得的。"

在诸如此类的应酬谈论中,俾斯麦凭借他那过人的勇气、伶俐的口齿、聪明沉着的态度,让对手无计可施。因此法兰克福议会渐渐变成俾斯麦一人独演的舞台,奥使们一个个被他玩弄于股掌之中,而无力与之抗衡。

然而俾斯麦这种粗野的态度,却不为当时的外交界所接受。他在法兰克福的名誉一天天在下降,在他与妻子乘坐马车出游时,甚至会遭到路人丢掷石块的攻击。不过俾斯麦对于世人的批评一概不予理会,他认为世人的批评就像天上的浮云,时聚时散,并不可靠。因此他不信任民众,并从内心轻视他们。

从法兰克福的经验中,俾斯麦体会到奥、普两国绝不能共存,因此他决心攻打奥地利。为了达成这个目的,必须要拉拢哪些国家呢?经过慎重考虑,俾斯麦终于决定笼络俄、法两大强国。

俾斯麦担任法兰克福大使时期,爆发了克里米亚战争。英、法、萨丁尼亚三国联合对俄宣战,攻打克里米亚半岛,战争形势似乎对联盟的三国有利,所以奥、普有意加入。在数年前匈牙利独立革命的暴动事件中,奥因俄国派兵援助而镇压了匈牙利叛乱,不料现在奥地利却恩将仇报,欲加入三国同盟,为此,俄国深为痛恨。

此时的俾斯麦断然主张普鲁士保持中立。他想借此机会卖个人情给俄国,希望在以后注定要爆发的普奥之战中,俄能采取中立或给予援助。正如俾斯麦所希望的那样,普鲁士的中立获得了俄国的感谢与信赖，但他的这种做法却引来了英、法两国的反感。俾斯麦的恶名在英法两国政要间流传。

在一次宴席中，法使对俾斯麦说："你这种策略很可能导致第二次耶拿之战。"但俾斯麦说："不，你为什么不认为这是莱比锡或滑铁卢呢？"

众所周知，莱比锡与滑铁卢乃法军惨败之地。

现在俾斯麦已是普鲁士外交界的才俊，首都柏林的人都渐渐认识了他。他曾以临时特派大使的身份前往维也纳，解决关税同盟的修改问题。

德国北部诸邦以普鲁士为中心，缔结关税同盟，作为统一德国的初步行动，但奥地利想加以破坏。俾斯麦很成功地排除了奥地利的势力，当时他受到奥地利朝野的严厉指责，却得到一位知己，那便是年仅二十二岁的奥地利新皇帝弗朗茨·约瑟夫一世。

俾斯麦还曾前往巴黎会见拿破仑三世。这件事使他在柏林的声誉大降。这是因为拿破仑三世是打倒法国皇帝路易·飞利浦，以革命手段夺取皇位的人，与他来往，显然是承认欧洲的革命。

俾斯麦早已决定，尽管此举令普鲁士国王不悦，但他仍要接近拿

※ 滑铁卢古战场遗址

破仑三世。因为一旦普、奥宣战，普鲁士迫切需要法国保持中立，所以，拿破仑三世以革命手段登上帝位的事实已无关紧要。

这就是俾斯麦只重视现实、只重视国家的处事态度。俾斯麦曾说："外交的目的在增进本国的利益，至于正邪的论调与外交无关。"也就是说，俾斯麦为了统一德国，不惜利用任何国家以达成目的。后来他出任首相时，对外与拿破仑三世保持友好关系，对内则以武力镇压自由主义者的革命行动。由此可见，俾斯麦处理外交与内政的态度截然不同，这也是他被人讥

讽为双重人格的原因之一。俾斯麦认为政治是现实的，不能以感情上的理论来衡量。

当俾斯麦会见拿破仑三世时，适逢拿破仑三世威震欧陆、势不可挡之时。俾斯麦一改平日模棱两可的口吻，直截了当地与拿破仑三世讨论外交事务。

拿破仑三世曾问俾斯麦："如果法、奥开战，普鲁士是否会支持法国？"俾斯麦巧妙而委婉地表示拒绝。一般外交官若遇到这种重大问题，一定会以"必须和本国磋商后再作回答"来搪塞。俾斯麦却直接表明了自己的意见："陛下对臣的信任让臣甚是感激。在此臣宣誓绝不将此事告诉他人，虽然臣对此事无权决定，但依臣个人立场而言，普鲁士国王对于普、法联合之事可能不会同意。所以关于这件事，臣以为最好不要向本国报告，这将有助于两国的友好关系。"

俾斯麦认为如果答应拿破仑三世的请求，日后法国会以干涉德意志问题为口实而参与其事，同时他认为普、奥之战乃兄弟之争，最好不要有别国介入。俾斯麦的回答留给拿破仑三世极为良好的印象，因此日后普、奥宣战时得到了法国的中立支持。

俾斯麦一从巴黎返国，就向国王威廉四世报告了拿破仑三世的意见，同时建议邀请拿破仑三世到柏林。这件事触怒了国王，此后俾斯麦逐渐失去宠信，但是他并不在意，因为他心中有个征服奥地利的远大目标。

当俾斯麦认为自己登上首相宝座之日为期不远的时候，突然发生了一件事——威廉四世精神错乱了。过去已有些精神异常的国王，自1857年起，病情逐渐加重。第二年，在迎接俄帝乘坐火车旅行时，被俄帝的雪茄熏倒。普鲁士政治环境因而大变，俾斯麦的前途也随之改变。

※波拿巴王朝第四位皇帝拿破仑三世

# 出任驻俄大使

威廉四世精神错乱后,担任摄政王的威廉亲王已是六十岁的老人了。他就是后来历史上赫赫有名的威廉一世。

摄政王一向反对俾斯麦的做法,因此大家都以为他摄政之后,一定会疏远俾斯麦。可是军人出身的摄政王竟然舍弃私心而把国事放在第一位,他深知俾斯麦的能力,所以召见了俾斯麦。

"俾斯麦要成为首相了!"柏林的政要都这样议论纷纷。

事实上,摄政王召见俾斯麦的目的,只是要俾斯麦提供有关法兰克福情势的报告而已。他心中早有打算,决定任用另一位平凡的公爵为首相,同时采纳新首相的建议,派俾斯麦为驻俄大使。

很显然,这项任命是将俾斯麦放逐国外,因为在普鲁士所有外交官中以法兰克福大使地位最高。

俾斯麦根据过去八年的经验,详细报告了法兰克福的会议情况,并强调普、奥难免一战的事实。他坚决地说:"这些问题迟早要以火与剑解决,除此之外别无他途!"他

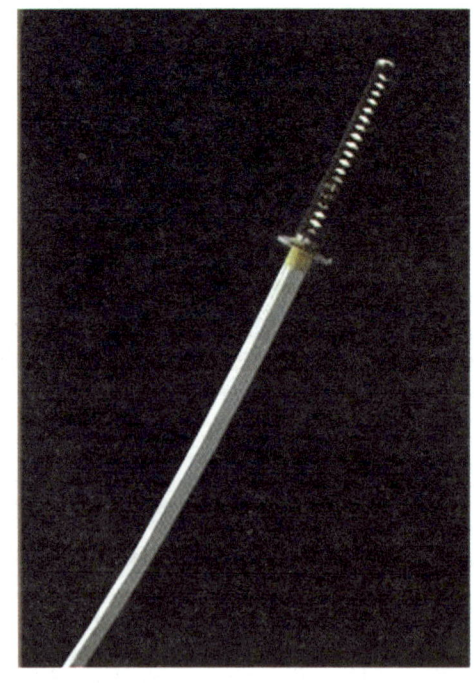

※尚武的俾斯麦认为,一切事务都要靠火与剑去解决

## 铁血宰相——俾斯麦

的这番话深深地打动了威廉亲王，而其见解不久便成为普鲁士的外交方针。

俾斯麦在俄国住了三年，大多数时间他都在旅行或住在柏林，同时，他在外交界的才能也日渐为世人重视。大家都认为他做首相的日子应该不远了。俾斯麦也使出各种政治手腕，在摄政王身边建立自己的势力。

俾斯麦在俄期间也趁机研究俄国的国情。

俄国皇帝是普鲁士摄政王的外甥，其母后是威廉亲王的姐姐，因此俄宫廷内充满了亲普之情，加之克里米亚战争时，普鲁士保持中立态度，故俄国上下都对俾斯麦深为感谢且大表欢迎。

拿破仑及威廉二世都因与俄为敌而灭亡。俾斯麦心里明白，与这个疆域辽阔的国家开战，是徒劳无功而极为危险的。

在俾斯麦前往俄都圣彼得堡之时，法国与萨丁尼亚联军在意大利北部打败了奥地利，普鲁士国内的舆论都认为应该援助同文同种的奥地利，唯独俾斯麦以为不可。他认为普鲁士要击败奥地利的日子就快来临了，届时，普鲁士最需要的就是法国的友好中立。

在国内，摄政王及一般有识之士都认为俾斯麦是众多外交使臣中的佼佼者，大家一致认为俾斯麦是首相的最佳人选。但事实上，首相的人选曾数度更易，却始终未轮到俾斯麦的身上，这一切都是王妃在捣鬼。并且，俾斯麦的亲法政策也渐渐不为摄政王所认同，因为一向主张王位正统论的摄政王极为鄙视以革命手段夺取帝位的拿破仑三世。

然而俾斯麦却并不在意冒犯摄政王，这一点从他当时写给一位将军的信中便可看出："对我而言，不论国王是拿破仑三世还是路易国王，法国仍是法国，我认为讨论国王是否正统，没有任何意义。"

由此可见俾斯麦的外交态度完全是采取现实主义的，他在决定国策时，绝不会掺杂丝毫的感情成分，所以他和那些从人道论出发的自由主义者永远水火不相容。有些人曾叹道："俾斯麦使德意志国家伟大，却令德意志人渺小！"

接下来这件事情的发展对俾斯麦影响很大。1861年1月，卧病的威廉四世离开了人世，摄政王以六十三岁高龄登上王位，但是新王的处境很艰难。因为军人出身的新王一直希望扩充军备，但大多数议员和王族都反对他的政策，唯一支持他的是陆军司令。在这种情况下，新王在即位当天就想到了退位。

对于新王的这种处境，陆军司令也在暗中为他物色能处理此难局的适当人选。他想到了幼时一起长大的好友俾斯麦："今日能够辅助国王达成扩充军备目的的只有俾斯麦一人。"

因此他建议新王立即召回俾斯麦出任首相兼外相。新王由于顾忌宫中的反对势力，只同意俾斯麦担任内相之职。

陆军司令立即拍发电报，催促俾斯麦速回柏林。

但是当俾斯麦得知自己仅是出任内相时，内心感到非常失望。他感叹机会一次次地从他身旁流逝，难道自己就没有福气担任首相吗？他写信回谢陆军司令的好意："你要我立即返国，我十分感谢，但目前我深深怀念故乡的田园和家族，恐将辜负阁下的好意！同时在健康上，我也无法胜任此职，实在难以从命！"

俾斯麦赌气不去柏林，等他慢条斯理地回到祖国时，机会已经失去，新王连让他任内相的念头也已打消。不过当俾斯麦在温泉胜地巴登拜谒新王时，恰值新王刚逃过了一次暗杀危机，行刺的动机是国王无意统一德意志。一向善于把握机会的俾斯麦就趁着新王意志动摇的时候，提出他前年就已计划好的统一方案，并加以详细说明。

根据俾斯麦的方案，将采纳自由主义者的部分建议，实行议会制度统一德意志。因为过去德意志诸邦君主极力反对德意志统一的原因是担心丧失君权；而保守主义者的矛盾是想同时保有君权政治及国家统一；而自由主义者则主张削弱数十位小邦君主的君权，建立德意志议会，以普鲁士国王为新德意志的元首。十年前，俾斯麦曾认为这是民众革命而极力反对，但如今他却采纳自由主义者的主张——建立德意志议会，由各邦推选的代表组成

※ 俾斯麦塑像

## 铁血宰相——俾斯麦

> **知识链接**
>
> **议会制**
>
> 议会制又称内阁制，包括"内阁君主立宪制"及"内阁共和制"，是民主政治制度的一种，特点是其政府首脑的权力来自议会（国会）的支持，而这种支持通过两种途径落实：第一是议会改选后的多数议席支持，第二是政府首脑赢得议会的信任投票。因此，所属政党未能赢得议会大选的政府首脑连同其内阁必须提出辞职，而未能通过议会信任投票的政府首脑，连同其内阁也必须辞职。由议会重新在席位居多数的党派中协商选举产生新的首脑与内阁。议会制下政府首脑（总理）的权力普遍较大。

上议院，由人民直接选举的代表组成下议院。

俾斯麦统一德意志的方案终于打动了威廉一世的心。

当时国王和俾斯麦都没想到日后俾斯麦会担任首相，组织统一德意志的新议会。

俾斯麦日渐成熟。当他担任议员时，还是个极端的反动主义者；当他出任法兰克福大使时，又变为反奥主义者；而如今竟然成为统一德意志及议会政治的推动者。

这证明了俾斯麦具有政治家最重要的条件——随时代而进步。对此俾斯麦事后说："政治不是一种学说，而是实际的行动。"

陆军司令的推荐以及俾斯麦亲自谒见都未产生任何效果，国王依然无意任命俾斯麦出任首相，因为他顾忌王后和王子的反对。

如此看来，俾斯麦担任首相似乎已无希望。而依他的个性是无法继续担任驻俄大使了，因此他曾认真地考虑过："干脆辞去公务，回到故乡的田园去。"

不过，他转念又想到罢官返乡随时可行，目前最好还是暂时忍耐吧！所以他又再度远离祖国，回到俄国。

## 与拿破仑三世的会面

**1862**年,普鲁士政局日趋不稳,前年年底的大选,自由主义者又获全胜,国王扩充军备的愿望更加难以实现,而国王和议会间的冲突也无法避免。可是在这种恶劣情势下,国王身边却没有一位杰出人物,这使得国王处境极为不利。

这年春天,俾斯麦从俄都返回了柏林,但国王仍不让步,俾斯麦连内相之职都无法得到。因此俾斯麦使出他一流的战术,这是他后来常常用来对付国王而屡次见效的手段。那就是提出辞呈,这犹如对国王发出最后通牒。

※ 俄罗斯莫斯科红场

## 铁血宰相——俾斯麦

※ "铁血宰相"俾斯麦

俾斯麦提出辞呈后不到三个小时，就被任命为驻法大使。

出使巴黎对俾斯麦而言，是一大挫折。不过他压抑了心中的愤怒，毅然地接受了任命。

俾斯麦被派驻巴黎的时间并不长，可是在这短短的时期内，却发生了两件大事。

第一件事是俾斯麦与拿破仑三世的会面。

自五年前会面以来，这次是第二次会面。他们两人在八年后另有第三度的会面，而这最后一次就是色当城陷之日，是战胜的德国首相与战败被俘的法皇历史性的会面。

然而此刻他们两人并不知道将来的命运，二人并肩在巴黎郊外宫殿后面的森林小径上漫步。一位是声势如日中天的大国皇帝，一位是失意郁闷的小国大使。当时被全欧洲视为"神秘人物"的拿破仑三世，在克里米亚一役中击败俄国，另又击溃奥地利军队。在他的头上好像闪耀着他的伯父拿破仑的生前光辉，在其眉宇间也显示着法国皇帝的自傲神态。

不过在欧洲却有两位英雄早已看透这位"神秘人物"的底牌：一位是小小的萨丁尼亚王国首相加富尔，另一位就是俾斯麦。往后十年的欧洲历史就是这两位英雄在玩弄这位神秘人物，进而加紧统一意大利与德意志的进程。

拿破仑三世见四下无人，突然对俾斯麦说："你的国王是否有意

※ 统一意大利的加富尔

与我国同盟？"

这句话是个陷阱。

俾斯麦立即接口道："我国的国王对陛下个人有着深厚的友谊，过去我国报纸上出现的反法论调，现在早已不见。不过我认为同盟之事，必须真有必要而能使双方获益才可行；同时我认为结盟应有其动机与目的。"

法皇听后十分同意他的看法，并对他说："事情发展是很难预料的，因此我们应早做准备。"然后建议法、普两国缔结外交同盟。同时明确表示，数日前奥地利已提出结盟之请，但为法国所拒绝，他以此暗示普鲁士若不能站在法国这一方，则法国将要与奥地利联合。

俾斯麦却王顾左右而言他，并不答应两国同盟。除此事外，俾斯麦究竟还和法帝谈了些什么呢？在他向本国报告的文书中并未提及，也许他隐瞒了某些重要事务，以备日后出任首相时处理吧！

第二件事是当俾斯麦访问英国首都伦敦时，遇见了狄斯累利。

那是在俄国驻伦敦大使馆举行的宴席中所发生的事。英国保守党领袖狄斯累利应邀参加宴会，俾斯麦在宴席上口出狂言道："如果我取得政权，首先要扩充军备、养兵蓄锐，而后一举击败奥地利，解散今日的德意志邦联，在普鲁士领导下，重新统一德意志。"

这段话是俾斯麦在酒后微醒时所说，还是因失意自暴自弃所说？其实这是俾斯麦惯用的伎俩，他知道坦白的言行往往令人怀疑，而得不到预期的效果，因此他经常利用人性的弱点，看似在欺骗对方，实际上却把真实情况告诉了对方。

可惜这次俾斯麦打错了算盘，因为十年后，支配英国政策的狄斯累利并未被俾斯麦所欺骗，他警告在座的人说："你们要小心，那个家伙一定会如其所言行事。"

此时柏林政情日益险恶，随时都会发生不可预料的局面。国王与议会间为了扩充军备之事而相持不下。

国王面临着最后的抉择：是屈服于议会，放弃己见，还是解散议会，断然依照自己的意愿行事呢？

而此时的俾斯麦却离开了巴黎，来到了西班牙海滨度假。他身边有一位美丽的公爵夫人陪伴着，他们在碧波海浪中快乐地游泳。这时的俾斯麦因怀才不遇而感到失意，又恢复了少年时的风流性情。

柏林的陆军司令一再拍电报催促俾斯麦："情势紧急，速回柏林。"

可是这份电报并未传达到俾斯麦手上。直到1862年9月18日俾斯麦才接到电报。

## "铁血宰相"登台

"**时**机到了!"

第二天,俾斯麦就立即搭乘夜车返回巴黎,再直奔柏林。此时首相的印绶正等待着他呢!

1862年9月20日晨,俾斯麦到了柏林火车站。

柏林的情况又是怎样的呢?

两天前,国王召见王子,表示即将退位,而王子连诏书都不看便马上退了下去。

议会也否决了扩充军备方案。

军人出身的国王绝不会让步,可不懂政治的他

※ 普鲁士国旗

## 领导德意志统一大业

《 图 说 名 人 》

名人名言

天下的大问题,并不能靠议会辩论及多数人意见改变……唯有铁和血才能解决。失败是坚忍的最后考验。

——俾斯麦

实在不知该如何收拾此种局面。

陆军司令见情况危急万分，心里也十分着急："俾斯麦这家伙，究竟跑到哪里去了？"

正在此时，俾斯麦回来了。

国王首先分析了目前的政局，而后坦白地表示："在此国家有难之时，我找不到一位能挽救危局的有力内阁人员，因此我已决定退位。"

俾斯麦立即回答道："陛下应该知道臣自今年5月以来，早已准备就绪，只待陛下授命。"

国王问："卿是否准备力排众议，而强行扩充军备？"

"不错！"

"那么我以为自己也有义务在卿的支持下继续奋斗，我决意打消退位之念。"

9月23日，国王正式任命俾斯麦出任普鲁士首相，当时俾斯麦正值四十七岁的壮年。

新首相面临的形势是，除了国王与陆军司令，没有人能帮助他，举目所见，皆是敌人，他究竟应该如何计划才能担负此重任呢？

如果俾斯麦稍一不慎，不但他的前途将会毁于一旦，说不定还得赔上一条性命，甚至还会使普鲁士王室遭受覆灭的命运。

因为当俾斯麦初掌首相之职时，普鲁士为一贫穷小国，在国际上是没什么地位可言的。

全国上下都以好奇的目光注视着这位新首相。

俾斯麦担任首相的消息惊动了朝野上下。

"什么？这个流氓议员居然能担任首相？"柏林的政治家都大吃一惊。

从英国嫁来的年轻王子妃叹道："这好像查理一世和斯特拉佛。"

王后和王子也倍感讶异！

他们想到两百年前，英王查理一世因无视议会决定而课征重税，激怒了议会与民众，因此出现了民主英雄克伦威尔，发生革命事件，其结果是将查理一世和辅佐大臣斯特拉佛爵士被一起处死。

整个柏林似乎处于革命前夕般的紧张气氛中，人心惶惶。可是俾斯麦的行动却出人意料。

人们过去对他的印象是性急、傲慢、专断、褊狭、绝不妥协。但是担任首相后的俾斯麦却完全改变了！他似乎并不知道暴风雨即将来临，而仍悠闲自在地工作着。

他用冷静的头脑首先来解析、判断一切事务，从各个角度详细检讨，得到结论之后，便开始实行。

在选择内阁阁员时，他选择了自由主义派的党魁们入阁。其中之

## 铁血宰相——俾斯麦

一的爱德卡,在日记中描述了他与俾斯麦见面的情形:

> 当我要去拜访他之前,心里想他可能是一位善于逢迎、懒惰而喜爱狩猎的人,可是见面后不久,我完全改变了对他的看法。他身材高大、体格强健、举止优雅,站在门前亲热地欢迎我。在握过手后,他顺手拉了张椅子要我坐下,并微笑问道:"听说你也是个民主主义的反对者。"然后他又说到现在的政情和当初他反对革命主义时已完全不同了。并且叙述一些他在法兰克福所得到的许多有益的知识。

从这段描写中,人们又仿佛见到青年时代俾斯麦的风采。

※ 中年时代的俾斯麦

如今人们所能见的俾斯麦画像,大都是他成为"铁血宰相",威震全欧时的老年肖像。那魁伟肥壮的体格、炯炯有神的眼睛、威严的八字胡须、粗糙的皮肤以及冷酷的表情。不过在俾斯麦就任首相的时候,年仅四十七岁,对未来的成败尚难预料。

从爱德卡的日记中可以看出壮年时期的俾斯麦:

> 我们可以知道他并不像顽石般无情的一介武夫。虽然他体格魁伟,但动作却如运动员般灵活有力。同时他待客时满脸笑容,谈吐优雅,这一切都已不是昔日在哥廷根大学时整日与人决斗的不良青年,也不是在兴奥森乡下成日狩猎的土绅士所能做得到的。而是他在巴黎社交界和俄国宫廷中历经磨炼所形成的典型外交官风采。
>
> 他将政敌一个个地拉拢,他可以随时翻脸,但在当时,减少一位政敌就是除去一份阻力,所以他采取笑脸外交,四面讨好。
>
> 不过,他也常向敌人显示他的拳头。所以上下两院的政治家们,在表面上虽迎合其笑脸外交,而暗地里都对他的拳头提高警觉。

当时俾斯麦的想法是怎样的呢?

有一次，新首相在议会失言，令全欧哗然，并使得普鲁士全国产生了轩然大波。宫廷内的反俾斯麦党人不断地逼迫国王下令放逐俾斯麦，而威廉一世则愁眉苦脸的，不知该如何处理。

究竟发生了什么事呢？

那是因为俾斯麦在议会中公然放言："天下的大问题，并不能靠议会辩论及多数人意见改变……唯有铁和血才能解决！"

这句话犹如一枚炸弹，震撼了全欧政界。

一向谨慎的俾斯麦，为何如此失言呢？

事情经过是这样的：俾斯麦在下议院小组委员会中，对数十位议员及数位内阁阁员发表谈话，这是一次非正式的演说，连内容都未列入记录。当时他说："虽然这不是我们所要求的，迟早会在德意志发生。德意志并不是惧怕普鲁士的自由主义，而是在静观普鲁士的实力演变。德意志诸邦早已踏上自由主义之途，而普鲁士所该做的，是集中力量以备日后之需。维也纳会议中所决定的普鲁士国界，对我们国民的健全生活极为不利。我认为天下的大问题，并不能靠议会辩论及多数人意见改变……唯有铁和血才能解决。"

他的最后一句话，被夸大地刊载在报纸上，甚至将铁和血的次序颠倒，改写为血和铁来大肆渲染，认为血就是流血，铁就是武器。也

※ 统一后的巴伐利亚州州徽

## 铁血宰相——俾斯麦

就是说,俾斯麦要以战争的方法来统一德意志,而敌人当然是奥地利帝国和南部德意志的巴伐利亚王国。维也纳和慕尼黑政府为此大为恐慌。

俾斯麦马上发表声明,澄清他所说的血是指血税(指老百姓有义务服兵役),即招募新兵,扩充军备之意,并非意味着要发动战事。然而世人并不愿意听他的解释。

而此时的威廉一世最为气愤,因为王后、王子及王子妃都齐声指责俾斯麦的不是。当时国王一家人正在巴登温泉胜地度假。

俾斯麦偷偷地离开柏林,只身前往乡下车站迎接正在归途中的国王。

国王显得很不高兴,不待俾斯麦辩解就说:"事情经过我都知道了,你必定会在王宫的墙下被民众砍下脑袋,然后……"

俾斯麦平静地反问道:"那么然后呢?陛下?"

"然后?然后我们两个就都死掉了!"国王大声地吼叫着。

俾斯麦接着说:"一点都不错,陛下!到那时我们都已经死掉了!不过陛下,请您想想,反正是难逃一死,难道还有比这种死法更有意义的吗?臣希望为陛下与祖国奋斗而死。陛下,请您想想路易十六,他懦弱地死去;再想想查理一世,为拥护君权而战,虽败犹荣,保持了王者的威严而死。事到如今,陛下只有奋战到底,绝对不能屈服。就算有生命的危险,也绝对不能做任何让步。"

听完俾斯麦的话,国王稍显镇静,脸上现出了满足及刚毅的神色。继承了腓特烈大帝军人血统的威廉一世,听到俾斯麦劝解他要为维护神圣的君权而不惜一战时,变得坚定起来并充满了斗志。

当国王专车到达柏林时,国王已决心和这位首相并肩作战,为统一德意志而不惜一死。

由此看来,俾斯麦虽然失言引起了国内的轩然大波,但他挽回了因失言而造成的和国王的僵局,可见其杰出的政治手腕。

世人也因此在他的名字前面,加上了"铁血宰相"四个字。

# 普丹战争

**英**国首相曾以讥讽的口吻说:"在欧洲真正了解什列斯威格和好斯坦问题的仅有两人,那就是我与另一人。可是我已将此事遗忘,而另一人也早已死了!"

事实上,什列斯威格和好斯坦问题确实复杂难解。

这两个地方位于德国北方,接近丹麦国境,面积不大,人口也不过百万,可是有关这两地的归属权和政治地位等问题,在经过百余年的纷争后,仍未最终确定。该区居民大部分是德意志人,也有丹麦人掺杂其中,因此德国国内常主张收回该区。对俾斯麦而言,该区的重要性在于它有面临波罗的海的基尔港,若能将该地的地峡开凿成运河,便可连接波罗的海和北海。

※德国城市

当奥布斯坦公爵根据复杂的条约提出了这两个地方之宗主权问题时,与丹麦发生了纠纷。俾斯麦见有机可乘,便逐步展开并吞计划。这是1863年年底之事。

俾斯麦决心出兵占

## 铁血宰相——俾斯麦

领这两个地方,这也是统一德国的第一步。

同时,俾斯麦也想试试他反对议会而强行扩充军队,其实力究竟有多大。不过此事涉及的外交问题颇为微妙,小小的丹麦王国,其军力实在是不值一提,但是欧洲列强的态度将会如何?这是需要考虑的大问题。

法国会不会听任普鲁士扩张势力?至于俄国,由于俾斯麦数年来的亲俄政策,可能会保持中立。但英国可能就不会袖手旁观了,尤其是奥地利,很可能会从普鲁士背后偷袭。还有,其他德意志各邦究竟会不会赞同此举呢?

此时俾斯麦展现了他非凡的外交手腕,就像变魔法似的诱使奥地利与普鲁士联合,组成普、奥联军,进驻什列斯威格及好斯坦。

因为俾斯麦曾对奥相说:"如果奥、普两国袖手旁观,德国国民很可能会组成人民革命军侵入什列斯威格及好斯坦。为了避免叛乱扩大,普鲁士不得不出兵干涉。"

奥相考虑到万一普鲁士独力解放了什列斯威格及好斯坦二地,则普鲁士在德国邦联的地位必然会大大地提升,这势必会影响奥地利的声望。因此赞同俾斯麦的宣战论,而与普联合出兵侵入丹麦。

眼见普、奥两国联合宣战,英、法、俄也不敢轻举妄动。因为若出面干涉,必会牵连到德国的内政问题,另外,在普、奥联合的情况下,纵使战胜,什列斯威格与好斯坦两地也不致被普鲁士所独占。因此拿破仑三世决定采取观望态度,英国政府也决定保持中立。

在普鲁士国内,俾斯麦面临着许多难题。首先,是如何说服国王裁定此次战役。因为,俾斯麦在议会上说明吞并什列斯威格及好斯坦两地的问题时,威廉一世曾反对说:"我对这两地没有任何权力!"

当时,俾斯麦坚决地回道:"陛下的祖先,都曾占领过西里西亚之地,当时他们对该地是否也行使过权力呢?依我看,普鲁士王家的君主全都是领土扩张者。"

※ 奥地利国徽

※ 丹麦国旗

国王听到如此莽撞的言词后，大为震惊，无言以答。但出乎意料的是，王子竟不自觉地高举双手表示赞成。其他的议员则一语不发地继续进行着另一项议案。在他们看来，俾斯麦所有的计划都是鲁莽而不实在的。

但是俾斯麦已决定，无论如何，必须强迫议会赞同此次征伐丹麦之举。他在议会提及军费预算案时，遭到议员们的猛然抨击。议员们决定以压倒性的多数票来否决此议案，于是俾斯麦立即解散议会。显然，他已不顾全体国民的反对，坚持要完成吞并计划。

宫廷内的反对声音更是激烈。威廉一世在最后关头犹豫不决，迟迟不向丹麦宣战。

俾斯麦以坚强的意志排除万难，最终说服普鲁士国王，对丹麦宣战。普、奥联军势如破竹，不到三个月便完全占领了什列斯威格和好斯坦。

接下来的问题，是如何处置这两地。究竟是承认其为德国邦联内的新邦国，还是由普、奥两国分割占领？

为此，在维也纳召开了由普、奥两国君主和首相参加的特别会

## 铁血宰相——俾斯麦

议。但是在会议中仍无法决定两地的归属问题。

奥地利希望让这两地独立,编入德国邦联。而普鲁士则主张由两国分割占领。

因为两国意见相左,使彼此的关系急剧恶化,甚至几乎宣战。当时俾斯麦决定不惜一战,以吞并两地,但因普鲁士国王的犹豫不定而未能达成目的。后来在1864年8月24日,双方协议签订了和平条约,好斯坦与劳恩堡割让给奥地利,什列斯威格则并入普鲁士。

这是俾斯麦进行的第一次战事,也是外交上的首次胜利。后来果然依其所见,在什列斯威格开凿运河,使德国与英国共同成为海上强国,进而德英开始争夺海上霸权。

在订立这次条约时,还有一段有趣的插曲。

俾斯麦曾对布希说:"在我要与奥使订约时,正在和他们一起玩牌,这也是我最后一次赌博。一个人的本性,在赌博时最容易看出,因为我知道奥使的为人,所以大方地下注,这使在座之人都惊讶不已。即使我输了再多的钱,我想这些钱国家应该会偿还给我的。结果奥使因为我的赌注太大而认输,答应签订条约。"

后来普鲁士以375万元向奥地利买下劳恩堡。

丹麦之战,可算是俾斯麦政策上的一大胜利,却是英国外交的一大败笔。当时英国曾数次游说他国干涉普、丹战事,但都未成功,终使普、奥两国能恣意蹂躏丹麦,并使基尔港落入普鲁士之手,威胁了英国的海上霸权。可见这是英国外交上的一大挫折,同时也显示了俾斯麦的伟大成就。俾斯麦能在关系复杂、利害错综的欧洲本土上三次用兵,且未遭受任何国家的干预,这种出色的外交才干,实在是让人佩服。

普鲁士国王封俾斯麦为伯爵以酬答他的功劳。俾斯麦对此爵位也相当满意,他认为这为他的家族增添了无上的光荣。

※ 拥有小美人鱼雕塑的丹麦

## 争取拿破仑三世支持

　　**普**、丹之战是统一德国的第一步，这次意外的大胜利，使俾斯麦的身价大为高涨。不过他并不把这些虚名放在眼里，他犹如饿虎扑羊般急切地扑向第二个猎物。

　　那就是奥地利！

　　如果不把奥地利逐出德意志邦联，普鲁士领导统一德意志的目标就无法达成。而俾斯麦认为唯有依靠武力才能实现此目标。但在普军击溃奥军之前，他必须施展外交手段让奥地利在欧洲受到孤立。

　　经过一连串的亲俄政策之后，俄国已站在普鲁士的一方；至于隔海的英国，它根本没有干涉欧洲大陆的意思；倒是法国的拿破仑三世最需要笼络。

　　过去十年间俾斯麦处心积虑，不断计划，他发现讨伐奥地利的胜败关键不在维也纳，而在巴黎。

　　于是，俾斯麦突然宣布妻子身体不适，带她到法国西北岸的琵亚瑞兹海滩疗养。这里曾是他与美丽的公爵夫人嬉游之地，后因接到紧急电报而离开。这次他带着妻女，以战胜丹麦的新伯爵身份再次来到这里。

　　他在距拿破仑三世的别墅不远处，租下一间房子，希望能有机会与法皇一谈。

　　他所等待的机会很快就来了！

铁血宰相——俾斯麦

## 知识链接

### 克里米亚

克里米亚是黑海北部海岸上的一个半岛，也是一个共和国，首府是辛菲罗波尔。克里米亚又译作克里木半岛，面积25500平方千米，人口250万。它的名字源自塔塔尔语"克里木"，是鞑靼人最早期汗王的名字。克里米亚最早名称是可萨利亚，因为可萨人曾在那里居住过。古希腊人称克里米亚为陶里斯。

有一天，他们两人并肩在海边散步。

拿破仑三世为了保住其皇位，必须不断地有所表现，以取悦人民，否则巴黎的人民将会说："他根本不如他的伯父。"

自从克里米亚一战，法国击败俄国之后，已有十年之久，而击败奥地利之役，也已过了六年；最近的一次，是让奥地利王子出任墨西哥皇帝之举，也是四年前的事了。他认为现在应该是有所表现以使国民高兴的时候了，不过他却没有任何确定的打算。

克里米亚之战后，英、法关系密切，而意大利因法、奥战事之故，对法也深表感激。奥地利也因拿破仑三世让他们的王子出任墨西哥皇帝而尽释前嫌。巴黎居民举行世界博览会时，每个人都认为自己是世界的中心而欣喜无比。前些日子，美国报纸也评论拿破仑三世比他的伯父拿破仑一世还要伟大。按照目前的情况，法国皇位无疑会由自己的子孙继承下去。

尽管拿破仑三世心里这么想，但他也提醒自己千万不可大意。因为巴黎的人民极为善变，他们随时可能再次发生暴动。所以拿破仑三世认为将人民的注意力转移至国外，才是上上之策。

那么，下个目标到底该是哪一国呢？经过慎重考虑，他认为还是奥地利最恰当。

奥地利的领土广大，但军力不强，又是一个标准的君主专制国家，巴黎报纸常因此攻击它。

"对了，再向它挑战一次，也好夺些领土。"拿破仑三世这么想着。

不过，拿破仑三世也知道必须谨慎行事，否则不知道普鲁士会采取什么行动，那个首相——俾斯麦，是个老狐狸。而此时，俾斯麦也在想着无论如何得拉拢拿破仑三世才行。

俾斯麦终于先开口说话了。

他先以比利时来试探法皇的意向,但这位"神秘人物"却不做任何表示。提及法国居民占多数的瑞士,拿破仑三世仍然没有任何反应。于是他大胆地提出德国领土莱茵区,他说:"如果你不要,我也不会勉强送给你。不过,你若是想要的话,我绝不会插手干涉。"

"不,普鲁士的扩张势力,我并不反对。"拿破仑三世说道。

这实在是令人倍感意外的回答。

他们两人经过磋商之后,法皇又说:"如果世界局势需要我们两国洽谈时,请贵国国王不要客气,直接通知我好了。"

※ 今日莱茵区

俾斯麦觉得他话中有话,不过仍有点希望。

另外,他还发现拿破仑三世的健康情况已大不如前。

健康对政治家而言,比财富更为重要。俾斯麦得知拿破仑三世患了膀胱疾病,精神逐渐衰弱,已经越过了生命的巅峰期,而在走下坡路。

当俾斯麦发现一切都没问题后,就安心地离开了法国。

接下来就是如何应付威廉一世的问题了。

俾斯麦心想:"要这位信仰虔诚、性情率直的军人皇帝发动一次毫无理由的战争,而且目标是同文同种的邻国奥地利,恐怕比说服拿破仑三世还要困难。对付坏家伙不是难事,但碰上憨直的人,真不知如何入手。加以国王身边又有三位反对者,这该如何是好呢?"

俾斯麦的办法是:让这位老国王相信是维也纳主动挑战,并让国王认定若不予以反击,将会令祖上蒙羞。

巧的是,维也纳政府在治理好斯坦时出现了难题,前好斯坦统治者奥布斯坦公爵发动暴乱,以破坏普、奥两国所缔订的条约,维也纳政府打算以高价出售好斯坦给普鲁士。

铁血宰相——俾斯麦

俾斯麦对国王说:"奥地利这样欺负普鲁士实在太过分了!我们是否会因对方是大国而放弃条约上的正当权利呢?"

1866年2月,国王在议会中郑重宣布:"我们不会主动去挑拨战争,但是,我们也不会逃避战争!"

同时国王又补充道:"为保护好斯坦而战是正当的。我祈求神明而得到启示,战争乃是正道!"

俾斯麦心里很高兴。国王的真实意图明确之后,他已无所顾虑了,但是细心的俾斯麦,又考虑到其他方面的问题。他知道最麻烦的是议员们,如果他们在议会中持相反意见,就容易使一般民众转而反对战争。因此他派检察官监视议员们在议会中的言论。为此全场哗然,议员们愤怒了。

"如今连温和之士都认为除了采取报复手段之外,已别无他途!"他们暗示将发动革命以威胁俾斯麦。

但俾斯麦丝毫没有示弱:"难道你们认为议员有资格无限制地发言来毁谤一切吗?"

议会上一片混乱,普鲁士国王在这时显露了其军人本色,他勉励这位勇敢的首相。

议会再次被解散,而俾斯麦也再度以个人的力量引导全普鲁士对抗奥地利。

※德国今日政权中心

## 争取威廉一世支持

普、奥宣战的风声传遍了全欧。当时各国政府和报纸对此事是如何预测的呢？

身为外交官被派驻在欧洲的美国人安德鲁·怀特说：

"当时不仅法国，就是德国邦联内的小国也都相信奥地利会联合畏惧普鲁士的其他德国小邦而稳操胜券。同时这种看法也是各国军人和宗教界人士的意见。按照军方的推测，奥军拥有在意大利战事中有作战经验的军官所率领的六十万精兵。天主教人士认为维也纳是拥护天主教的正统政权，而普鲁士则是异教徒，所以他们相信奥军必会因神助而获胜。特别是法国皇后对此更是深信不疑。"

※普奥大会战

拿破仑三世也相信奥地利会获得最后的胜利，但同时他也认定普鲁士军队将会有优异的表现。所以他暗中计划，等普、奥相争、两败俱伤时，再加以武力干涉，企图渔翁得利。

但是俾斯麦与参谋总长及陆军司令仔细研究之后，对普鲁士军的获胜信心十足。因为他们早已着手准备，不顾宪法规定，挪用了数目庞大的军费来改建陆军。

同时，俾斯麦认为若要诱使奥地利步上战争之途，还需要另一位助手，这就是小国意大利。意大利在五年前虽然完成统一，但仍有许多领土被奥地利占领。所以俾斯麦建议意大利，为了维护威尼斯地区，应与普鲁士联盟，对奥宣战。而意大利的密使也已来到柏林，暗中商议双方的攻守计划。

俾斯麦还派出了犹太人，把消息传给巴黎的大财阀罗斯柴尔德，再由他传至拿破仑三世耳中。

现在一切都已准备妥当，只等命令一下，普鲁士的精兵强将就将大举进攻奥地利。

可是就在这重要关头发生了大变故——国王威廉一世拒绝批准普、意攻守同盟条约。

在听到这个消息后，连日辛劳而疲惫不堪的俾斯麦，突然因发生剧烈的胃痉挛而病倒。虽然他的体格健壮，但是神经很脆弱，因此一旦精神受到打击，就很容易影响他的健康。俾斯麦因而病倒了。

但是当俾斯麦听到宫廷和全国的保守人士都视对奥宣战犹如兄弟相争时，他心中再度激发了无比的斗志。

他派出密使从各方面煽动，欲促使奥地利主动宣战，但当他看到国内外纷乱如麻的情势时，突然怀疑自己的体力是否还能担当这一重任。

一天晚上，他坐在餐桌旁，以

※ 美丽的水城威尼斯

双手抚额，低声咆哮道："我可能就会这样疯狂下去！"

在这种混乱的局面下，国民对他的反感与日俱增。人民看到他忽视议会、破坏宪法、压制言论，现在又要无敌兴兵攻打同文同种的奥地利，这与恶魔有何区别？因此都认为他是奸凶，更是人民的公敌。

民众的怨恨终于落在他的身上。1866年5月7日，发生了行刺事件。

那天，他和往常一样在官邸外的大道上散步，突然听到身后传来一声枪响，他急忙转身，发现一位青年右手握枪，正准备对他开第二枪。俾斯麦立即扑向刺客，用左手紧抓住对方握有手枪的右手，同时用右手卡住对方的咽喉，双方展开搏斗。

可是俾斯麦没料到刺客将手枪交换到左手，抵住俾斯麦的外套，连发了两枪。

这时行人逐渐围聚过来，警察也迅速赶到现场。俾斯麦将凶手交给警方，转身步入官邸。

他登上二楼，脱下外衣，发现子弹只擦破了一点皮肤。

换上便衣之后，他将事情经过简单记下，以便报告国王。然后下楼去了餐厅。

他在餐桌上很冷静地向来访宾

※游客参观俾斯麦故居

客叙说事情的始末，这时门外传来了马蹄声。

是国王驾临了！

威廉一世张开双臂拥抱首相，庆贺他平安无事。接着王家贵族也向他致以慰问之意。

官邸门前渐被民众挤满，俾斯麦带着妻子登上阳台，向民众挥手致意，口中喊道："国王陛下万岁！"而民众也报以热烈的掌声。

不过当俾斯麦看到热烈拥戴他的民众时，心里产生了一种极度的轻蔑感。他想："刚才你们不是还骂我是魔鬼吗？如今手枪响了三四次，你们就为我欢呼鼓掌，实在是混蛋！"

不过这个刺客的子弹对俾斯麦的影响极大，他的秘书在日记中记载："自从这次事件之后，他自认

## 铁血宰相——俾斯麦

是神的选民，虽然他没有说出来，但这种倾向愈来愈明显。"

在混乱动荡的局势中，能够洞察时代的趋势，正是具有政治天赋的俾斯麦的本能直觉。

实施普选无异于晴天霹雳般的大事。

当全国国民从这位反对议会、漠视宪法的专制政治家口中听到实施普选的声明时，都迷糊了。

"这究竟是怎么一回事？"

人民都睁大眼睛看着报纸，有些人甚至捧腹大笑。

"可能是因为害怕民众的力量，所以才想出这种骗人的伎俩吧！"

大家都嘲笑俾斯麦的普选声明。

就连后来成为俾斯麦助手、主张国家主义的德国历史学家脱莱契凯也反对俾斯麦这一贸然举动。他说："这种方法不是正途。普选并非临时性的紧急措施，必须根据普鲁士立宪政府的周详考虑，再依照普鲁士国民的决议及全德国民众的赞同，才能实施。"

俾斯麦究竟为何在此动荡的局势中突然做此决定呢？

他晚年回忆当时的情况说：

在面临压倒性的反对势力包围下，纵使必须采取革命手段，也在所不惜。如果我能借自由主义者的最有力武器——普选，来阻止外国干预我国内政的话，则吾愿足矣。我实在没有时间考虑所使用的武器到底是什么，我最大的目的是要排除外国势力的干涉。

由此可知俾斯麦是要以德国民族为基础，来实现讨伐奥地利，完成统一事业的目的。一向重视实际的俾斯麦，为了达成此目的，并不在意手段的善恶。

在拿破仑三世的唆使下，意大利突然兴兵攻打奥地利。奥地利立即下令全国总动员。

俾斯麦见此情势，马上提笔写信给国王，请国王立即决定向奥宣

※ 德国历史上另一位著名的统治者，法西斯头目希特勒

战。信中一如往常般地不时提醒国王的宗教心和荣誉感。

1866年5月初,国王终于下令全国总动员。宫廷上下都极力反对国王的决定,这使国王和俾斯麦陷入了空前的孤立。

俾斯麦当时曾说:"我现在是最受憎恶之人。不过我已将自己的脑袋做赌注,纵使要上断头台,也一定要完成此事。"

当时国内外有影响力的人士分别以进谒或奏折的形式劝告威廉一世离开俾斯麦,以挽救柏林的危机。

王后为此事,也愤然离开了柏林;王子装病,对国王的一切举动置之不理;而王子妃则写信给她的母亲——英国女王维多利亚,请她谴责威廉一世之举。

在这种众叛亲离的情况下,一般君主多会意志动摇。但威廉一世是个单纯的军人,对祈祷后获得神的启示之事绝不会更改。

此时,普鲁士国内另有一位头脑冷静、静待机遇的人物,那就是参谋总长毛奇元帅。他相信普鲁士大军必会获胜,正静待出兵的命令。

开战的前夜,俾斯麦和英国大使在首相官邸的庭院中散步。英国

---

### 知识链接

## 毛奇元帅

普军参谋总长,著名的军事家,在普奥战争、普法战争中打败奥军和法军的实际组织指挥者。又称老毛奇,以与其侄儿小毛奇相区别。毛奇1800年出生于梅克伦堡帕尔希姆的一个破落贵族家庭。父亲原为普鲁士军官,后迁居丹麦。毛奇从八岁开始在荷尔斯泰因受教育,十岁入哥本哈根皇家军校,十八岁进丹麦军队服役。1822年,他通过考试转入普鲁士军队,获少尉军衔。1835—1839年,毛奇被派到土耳其,担任奥斯曼苏丹的军事顾问。1840年,毛奇调

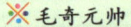
※毛奇元帅

# 铁血宰相——俾斯麦

回柏林,在第四军团参谋部供职。1842年,他参与指挥修筑汉堡至柏林的铁路,由此认识到铁路对军队机动和后勤保障的重大作用。此后,担任过亨利亲王的副官,在第八军团和第四军团的参谋部里供过职。

1855年,毛奇被调去为威廉亲王做副官,从此与这位后来的普鲁士国王和德意志帝国皇帝密切接触,为这位国王使用"宝剑"到生命的最后时刻。由于国王的信任与提拔,他于1857—1888年长期担任普军总参谋长,并在任期内大胆改组总参谋部,扩充军备,改进装备。同时,他实际负责普军的作战指挥。1864年,他率军战胜丹麦。1866年,取得了对奥战争的胜利。

1870年7月普法战争爆发后,他率领三个军团迎战法军,在色当会战中取得决定性胜利,为实现德意志统一作出了重大贡献。国王因此称他很好地"使用了宝剑",封他为伯爵,晋升为元帅。在他于1888年退役后,还被任命为国防委员会主席。 毛奇在实现德意志统一后,即将主要精力用于研究军事问题,特别是德国东、西两线作战问题。他的军事思想继承了克劳塞维茨的理论观点,同时加上了当代的特色。他也强调战争是政治的继续,重视总参谋部和参谋人员对于组织和完善军队作战指挥的重要作用,强调在军事上要充分认识和运用铁路和电报等最新技术。他在战争指导上主张先敌动员、分进合击、快速突破、外线作战和速战速决。在军事建设上,就战争动员、军队编制、作战指挥、武器装备等问题,他都有论述和建树。他的军事理论对西方军界有很大的影响。

大使对俾斯麦说:"军队可能比贵国的众议员还要伟大啊!"

其实他这句话意思是说服者比雄辩者还要伟大。

刚好,附近寺院的钟楼传来了12声钟响,俾斯麦掏出口袋中的怀表对时,同时说道:"12点了!现在普鲁士大军可能正在攻打漠诺瓦和赫森,战况必然相当激烈。也许普鲁士会失败,不过我相信他们必会全力以赴。万一失败,我们不会回到此地,因为我们早已决定要在战场上牺牲。任何人都要死一次,与其被征服,倒不如一死更有意义!"

次日,毛奇的军队按照预定计划出兵。

普鲁士发出的最后通牒被大多数德意志小邦拒绝,因此它们不可避免地被普鲁士军队以排山倒海之势侵入:普鲁士军队击败汉诺威,放逐其国王;席卷萨克森,将其国王放逐至奥地利;征服赫森,俘虏其国王;消灭拿梭;同时逼近莱茵河上游的自由市法兰克福,迫使巴伐利亚和乌鲁登堡归服普鲁士。然后普鲁士军队乘胜进入奥地利,与意大利军的先锋部队会合。

普鲁士的主力军战无不胜,直逼奥都维也纳。这出乎所有欧洲政治家的意料,就连普鲁士人民也惊讶不已。

曾经被人民视为魔鬼一般的俾斯麦,现在官邸门外,不分昼夜都有上千的民众在向他欢呼。人们一旦发现他乘马车从王宫返回官邸,必定中途拦下,层层包围,放走马匹,而后欢呼簇拥着他进入官邸。

不过俾斯麦非常冷静,他对民众的善变不屑一顾。他心中只想如何掌握实际的权力。因此在开战的第三天,他便召集政党领袖商议有关新选举的问题。这些人物大都是他多年来的政敌,不过他坚信自己是欧洲的第一政治家,因此根本不把这些国内的小政客放在眼里。

他的愿望是趁着胜利的余威实行普选,再利用普选的胜利动员全国民意,来统一德意志。对他这位只重现实的政治家而言,眼前的大小事件,全都是他达成目的的工具而已。

7月3日,俾斯麦身穿灰色外套,头戴钢盔,骑着一匹栗色马,在山丘上观战。康尼拉格兹一役战况激烈,尸横遍野。(注:萨多瓦是康尼拉格兹市附近的一个小村落,通常人们将这次战役称为萨多

※普奥战争中的萨多瓦会战

## 铁血宰相——俾斯麦

瓦之役）

看到这种状况，俾斯麦转过头对他身边的秘书说："将来我的儿子哈佛也可能会像他们一样惨死在战场上，想起来实在凄惨啊！"

这场战争最后因王子率领的援军及时到达，普鲁士军队大获全胜。有一位副官对俾斯麦说："阁下现在成为一位伟大的人物，可是如果王子的援军迟来一步，阁下可能就变成罪大恶极的人了！"

俾斯麦听到这句话后，禁不住放声大笑。

### 知识链接

#### 萨多瓦战役

1866年6月14日，普奥战争爆发。站在奥地利一边的还有几个德意志小邦汉诺威、萨克森和黑森—卡塞尔等。欧洲以惊讶的目光注视着普奥之间的战争，普遍认为奥地利有较多的取胜机会，因为奥地利军队经过了长期训练。

但是战局的发展同普遍的看法恰恰相反。普鲁士军队以典型的普鲁士方式作战：准备周到，行动迅速，采取攻势，速战速决。他们在毛奇的指挥下，在很短的时间内就控制了整个北德意志。参与对普作战的几个小邦没有力量对普军进行坚强的抵抗，只有汉诺威做过顽强的战斗，但是它的军队终于在6月28日决定性地被击败了。

普鲁士军队控制了整个北德意志，主力向南推进，主战场越来越移向波希米亚。7月3日，奥地利军队二十多万人和普鲁士军队二十多万人会战，这就是著名的萨多瓦战役。双方势均力敌，旗鼓相当。开始奥军顽强作战，打得巧妙。普军指挥部里空气紧张，据说在紧急时刻，俾斯麦不时看毛奇的脸色，从而判断战场上的形势变化。

胜负关头，普鲁士王子率援军赶到，出击奥军右翼。会战结束，普鲁士取得了会战的胜利。由于普鲁士同意大利结盟，奥地利不得不同时在意大利作战。如果奥地利不分散兵力，把用在意大利战场上的几万兵力投在萨多瓦，其结局确是难以估量的。

## 北德邦联成立

**1867**年2月24日，普鲁士召开了北部德国邦联会议。莱茵河以北二十二个小邦中，依普选法所选出的三百名议员，都参与了此次会议。

在议会上，俾斯麦提出他在1865年9月，花了五个小时向秘书口述记录的德国宪法草案。

这个仅花了五个小时口述写成的宪法，在1918年第一次世界大战结束前的大约五十年间，支配着整个德国。因此，我们不得不钦佩俾斯麦的智慧。别看这个宪法草案只花了五个小时记录，可是在俾斯麦脑海中却计划了十年之久。

这个宪法的根本主张是普鲁士国家观念，同时采用了很多美国宪法的精神。这是一个由上而下的钦定宪法，将权力集于君主一身，而将实权交由代表君主的首相一人之手。这种做法很明显地表示出俾斯麦讨厌民众，甚至轻视民众的心态。

宪法采用了很多美国的宪法思想，由此可见他很喜欢美国人。自从他在学生时代认识了美国人马特利之后，就偏爱他那淡泊、刚健的美国人身上的气质。他不喜欢法国人身上的都市气息。他出任首相后，与美国驻德公使，即历史学家班克劳夫交往很密切。因此这个宪法草案无疑带有班克劳夫的思想，最显著的一点是允许民选议员参与国政。德国

# 铁血宰相——俾斯麦

保守主义者对此大加反对,据此而攻击俾斯麦。

基于以上原因,宪法的讨论案久久不决,宪法颁行遥遥无期。而北部德国邦联的组织条约仅有一年期限。如此拖延,恐有超过法定时限的嫌疑。

当时,俾斯麦是普鲁士最负众望的人物,也可以说是欧洲的一流政治家。他在议会中控制着占多数的国民自由党,因此在4月17日,他强行通过宪法草案,建立了北部德国邦联。

根据其宪法草案规定,立法机关是邦联上议院。而它并非由人民代表组成,而是由各邦君主代表共四十三

※ 德国联邦会议大厅

人组成,以普鲁士国王为议长。议长权限极大,犹如邦联统治者。

现在虽然北部德国邦联已经建立,但是还要实现合并南部德国诸邦的愿望。在二十年前,俾斯麦就发现必须驱逐德国境内另一强国的

## 知识链接

### 北德意志邦联

德意志邦联解散后,北德意志邦联在1867年成立,它由德国北方二十二个邦国组成。它其实只是一个过渡组织,在1871年德意志帝国成立后便被废除。但是,它帮助普鲁士控制德国北部,加强它对南德邦国的影响力,犹如关税同盟一样,邦联明显地排除了奥地利与巴伐利亚。

邦联在普奥战争后成立。普鲁士击败奥地利后,俾斯麦创立北德宪法。宪法在1867年7月1日生效。普鲁士国王威廉一世出任邦联主席,首相俾斯麦兼任邦联首相。所有德意志邦国在邦联议会都有议席,普鲁士独占十七席。北德议会是由民选产生。

普法战争后,巴伐利亚、威尔登堡与巴登(连同黑森公国的剩余部分)与邦联合并,组成德意志帝国,威廉一世成为德意志皇帝。

势力,才有可能实现此愿望,那便是法国。

拿破仑夺取了莱茵河两岸,使其成为法国领土,但在维也纳和平会议中,反法同盟又将法国赶回莱茵河以西之地。到拿破仑三世时,又再度在莱茵河上游巴伐利亚伸展其势力。

在与奥地利议和、建立北部德国邦联后,俾斯麦暗中与德国南部诸邦缔结密约。事前约定一旦普、法开战,南部诸邦必须与北德邦联的行动一致。另一方面,俾斯麦对法皇的要求虚与委蛇,对于割让莱茵河之地的态度模棱两可,吊足法国的胃口,同时又威胁巴伐利亚。

我们只要看看当德国南部的巴登要求加入北部德国邦联时,俾斯麦所做的答复,便可知其思虑的周密。当时他回答巴登,要他们等待时机,并对别人说:"现在把巴登地区纳入北部德国邦联,等于抽走牛奶中的奶油,其他的成分将会立即腐坏。"

若是南部小邦有反对他的意见,他便会拿出最有效的武器进行威胁,这就是他们之间缔结的关税同盟条约。也就是说,如果反对普鲁士,他会将反对者排出关税同盟行列。而盛产啤酒和葡萄酒的南部地区,如果产品不能卖到柏林或其他的大都市去,将会面临破产的危机,所以他们只好乖乖地听话。

为了笼络汉诺威,俾斯麦曾

※霍亨索伦城堡:德国南部最著名的两大城堡之一

## 铁血宰相——俾斯麦

要求普鲁士议会答应补偿汉诺威三千二百万元。可是汉诺威国王仍旧采取反普鲁士政策，在报上表示将以本国国库退还这笔金钱，所以俾斯麦立即停止支付这三千二百万元的补偿金。他说："赶蛇必须赶到它进入蛇洞为止。"

后来这笔资金转用于操纵国内的新闻。一般人都称之为"蛇资金"，其中多半被充作收买新闻的费用。德国皇帝利用这笔"蛇资金"操纵新闻，在美国本土进行排挤日本运动。所以谁也不会想到俾斯麦和汉诺威国王间的争执会变成日后美、日离间政策的起因。

当时俾斯麦的日常生活极为繁忙，除身兼外交、内政等一切行政事务外，还要主持邦联议会、普鲁士议会及关税同盟议会三个机构。

可是对一位政治家而言，这种充满了挑战的日子是快乐的。虽然他必须使出浑身解数，不停地忙碌，可是他的首相官邸仍旧为访客敞开门户，不论旧友新知，一律欢迎。

他那机警、犀利、快活、含蓄、富有启示的特殊谈话技巧，很容易就能吸引住来访的宾客。而他那堂堂的仪表、果断的眼神，也极易令人望而生畏。

他的官邸随时都会有宾客来访，而这些宾客并不限于上流社会或政治界、新闻界人士，无论贫富贵贱、识与不识，他都是一样地受到欢迎。

因此全欧洲上下都逐渐认识了这位杰出的英雄。

如同普鲁士日益强大一般，俾斯麦也日渐伟大。

※德国汉诺威

## 普法战争

一位德国历史学家曾这样写道:"法国人喜爱和平,性情爽朗,所以除了遇到善于煽动的领导者或不得已的局面外,绝不会与人争执。"

另一位美国历史学家也如此写道:"拿破仑三世并不愿意作战,因为他长年患病在身,体力衰弱。他个人唯一的愿望是想以'法国恺撒'的身份终其一生,因此他很期望和平。"

又有一位德国历史学家说:"俾斯麦曾与他的好友谈及,就算普鲁士战胜了法国,也没有什么好处。如果占领了阿尔萨斯地区,为了维护它,就必须永久占领史特拉斯堡。如此一来,只会对普鲁士不利,因为最后法国必会建立新的同盟国,而使我们难堪。"

当时普鲁士并未因战胜奥地利而乐于战争,因为人们可以找出无数的理由来证明当时普、法两国必须和平相处,却找不出它们之间必须一战的任何理由。

1870年5月底,北德邦联议会宣布休会,所有的议员都回到故乡。同时邦联的军舰都出海做夏季的友好访问。大部分的陆军士官也都趁着秋季演习之前,各自休假旅行。毛奇元帅在他的别墅中栽种玫瑰花;威廉国王到他常去的温泉胜地避暑;俾斯麦也回到他的山庄,在森林、沼泽间打猎。

# 铁血宰相——俾斯麦

同年的6月30日，法国首相奥利维发表声明说："过去从未有过像今天这般和平的日子！"

但谁又能料到在法国首相演说后不到两个星期，法国就对德国宣战了。

整个欧洲都为这个突如其来的消息大吃一惊。

为什么在人民都祈求和平时，会发生这个让人意外的战事呢？这场战争不但牺牲了数万青年的宝贵生命，而且埋下了四十年后欧洲大战的导火索。

战争的原因其实并不复杂。

当拿破仑三世眼见普鲁士军队在七周内就击溃奥地利军队时，他发现这是自己的一大失策。原来他预料普、奥之战会使德国陷于长期的内乱，或者是大败而返，这样他便可趁机从中渔利。未料普军大胜，加以俾斯麦外交策略的得逞，使法国处于不利的地位。

于是，拿破仑三世向俾斯麦提出普、奥之战时普、法间的密约，催促德国割地。但俾斯麦在前后五年间，再三推托，并不打算割给法国任何一块土地。

不过，俾斯麦对法皇透露荷兰国王曾托他买卖卢森堡，并怂恿法皇买下此地。虽然此举遭到德国的反对，但俾斯麦的目的是要以他一人的外交策略来打败法国。统一德国，他不愿意让普军在战场上和法军交锋。

买卖卢森堡一事震动了德国邦联议会，从而引起议会对俾斯麦的严厉质询。俾斯麦则义正词严地对议会声明："政府应该尊重邻国国民之意。"

由于此事牵涉较广，荷兰国王撤销了买卖卢森堡之约。后来由俄国皇帝召开伦敦会议，会议结果宣布卢森堡大公国成为永久中立国。

拿破仑三世再次被俾斯麦愚弄，心中极为不满，便诱使意大利、奥地利两国夹攻普鲁士。

自1868年起，俾斯麦便知普、法终究难免一战。他曾对挚友说两年后可能会再起战事。果然不出其所料，两年后，普、法开战。

至于开战的原因，则是西班牙的王位继承问题。

※ 荷兰国旗

※ 德国温泉胜地

西班牙王位因无人继承，故该国政府想到了德国王室分支利奥波德亲王，并私下取得亲王的允诺。但是这必须得到德国王室普鲁士国王的认可才能登基。所以亲王正式提出申请，而威廉一世也表示赞同。国王与俾斯麦都认为，若在法国背后有一位德国王室出身的西班牙国王，对普鲁士将大为有利。

这个消息传到巴黎后，巴黎民心大为激愤。

法国皇后厄塞尼出身于西班牙王室，她最讨厌德国。法国外相格拉蒙曾听说俾斯麦公开批评他，怀恨在心，一直想伺机报复。而巴黎政客，也多畏惧普鲁士的强大，因此在报纸上、议会中，法国齐声反对德国亲王继承西班牙王位。

法国外相格拉蒙立即命令驻德大使贝内迪晋见普鲁士国王，请求取消其认可。

正在温泉胜地休养的普鲁士国王，见法使贝内迪突然来访，并要求取消认可，他为了避免无谓的争执，答应了法使的要求，并忠告利奥波德亲王，劝他取消登基之念，而此时俾斯麦正在自己的山庄中度假。

俾斯麦得知此事后，怒不可遏，立即发电报给国王请求谒见。可是等了两天仍未收到国王回电。他无法再等，于第三天整装至柏林。当他到达柏林外交部时，刚好收到国王自温泉发来的电报，从其中内容得知法使再次晋谒国王，而国王对法使的再次要求也表示了友好的答复。

俾斯麦请来陆军司令和参谋总长密谈，这时俾斯麦也已获悉利奥波德亲王已经取消了继承西班牙王

位的决定。

从俾斯麦的回忆录中可以看出当时的情形：

> 当初，我所想到的是辞职。因为我国在遭到一连串无礼对待之后，仍接受对方的要求。这对德国而言，实乃莫大的耻辱。所以我曾想引咎辞职！

因此俾斯麦请纽伦堡伯爵代他向国王表明辞职之意。当时俾斯麦发现七十三岁的老国王本来就不愿与法作战，只因王后的谗言才无法自主。

当天晚上，俾斯麦彻夜未眠。次日一早，他接到俄国大使馆的情报，得知法国方面对普鲁士国王的让步仍不满足。

"良机未失！"俾斯麦心里充满了希望。

俾斯麦得知，在他返回柏林途中，法国外相格拉蒙一方面命令贝内迪大使三度拜谒普鲁士国王，要求将取消利奥波德亲王继承西班牙王位的认可写成公文书；另一方面则通知驻在巴黎的德国大使，要他发电报请普鲁士国王按照法国的要求写封信回告。法国外相准备在收到这两份文书之后，公之于世，一方面要安抚巴黎民心，一方面也可借机公开侮辱普鲁士国王与首相。

俾斯麦立即召回驻巴黎的德国大使，并拍电报通知国王：若再度接见法使，他必将提出辞呈。

当俾斯麦召见陆军司令和参谋总长密谈时，接到国王自温泉胜地拍来的电报，这便是引起普、法之战的历史性电报：

> 法国大使贝内迪终于采取了最强硬的态度。在我散步时强行求见，要我答应今后若再提及有关西班牙王位继承之事时，绝对不可许下任何承诺。我已严词拒绝，因为对这种绝对性的承诺，我是绝不能轻易做出的。

电文后半段，是国王的侍从所附加的说明：

> 因此陛下采纳下官的建议，不再接见法国大使，而由本人告知对方国王已经拒绝其要求。至于这件事是否应通知外交使臣或发表在报章上，则委托阁下全权处理。

读完这封电文，俾斯麦大为感动。

"机会来了！"他心想自己二十年来日夜筹谋的大计划，就要成功了。

※在马尔斯拉图尔战役中普鲁士骑兵攻击法国火枪队的情况

他沉着地将电文念给陆军司令及参谋总长听,然后问参谋总长:"我国的军备情形如何?一旦有事,需要多长时间才能准备就绪?"

参谋总长说:"立即开战,则对我方有利。"

俾斯麦听了这句话后,就在他们面前,拿起他常用的粗大铅笔,挥笔写就了下面适于发表在报章上的短电:

普鲁士王室的亲王已表明放弃继承西班牙王位之意,并由我国政府正式通知法国政府。未料法国大使在我国国王休假时,仍一再地要求如若将来再有继承西班牙王位的机会时,必须永远拒绝。因此国王拒绝法使要求,并令侍从武官通知法使,今后不予接见。

俾斯麦把写好的电文念给陆军司令及参谋总长听后,立即交给他的秘书,说:"将这封电报火速发给驻在各国的使臣,同时在外交部召开新闻记者招待会,公开发表此电文,至于外国记者也列入邀请。"

俾斯麦的电文并未加写什么,只是把国王来电进行缩减,而国王也给了他发表的权利。所以他的所有举动并无越权之处。

但是这封电文的用语经过巧

妙编排后，大大地刺激了国外的视听。

有些评论家责备俾斯麦使用了诈术，但事实上，俾斯麦并未加油添醋，所以很难说他是欺诈。只不过他能把握此千载难逢的大好机会，并加以充分利用。

这封电文对巴黎人民的刺激之大实在是前所未见的。

一向自负的巴黎人不但由此得知法使遭到德国国王的拒绝接见，而且还被德国国王的侍从武官以一句"没有什么好说的了"无礼地赶出。他们心中的愤怒实在是无以言表。

巴黎的街道上飞散着报纸的"号外"，咖啡店中的人们激动地讨论着此事。议会内的政治家们也为此大发雷霆。

"战争！"

全巴黎充满了宣战的呼声。

这正合了俾斯麦的心意。

在柏林，德国人民的激动也不亚于巴黎。他们实在无法容忍法国大使竟然对他们的国王提出无理的要求。

不仅是柏林，全普鲁士人民都义愤填膺，连刚并入德国邦联的巴登、威尔登堡及巴伐利亚的人民也都愤愤不平。

※ 维也纳建筑

"战争!"

"战争!"

德国也充满了宣战的激动情绪。

这正是俾斯麦所期待的。

"法国大使的要求实在太过分了!任何独立国家的君主在遭到这种侮辱之后,也一定会像普鲁士这般地采取行动。"连维也纳宫廷、意大利宫廷甚至俄国宫廷也都是这么认为的。

只有伦敦宫廷不一样。

伦敦政府一向眼光远大。他们在慎重考虑之后,发现了可疑之处。

强大的法国,或强大的德国,谁会对英国不利呢?对英国而言,这是一个重要的问题。因为英国与欧陆,仅隔着二十海里的海峡彼此对峙。英国是个岛国,如果在海峡对岸出现一个强大的国家,必然会威胁到自身的生存。因此英国的传统政策,是要让欧陆各国永远分裂作战,以维护自身的安全。法国、德国、西班牙、俄国,其中任一国家的强大对英国而言,都是不利的。

英国最顾忌的是比利时与荷兰会被某一强国所占,因为这两地一旦被某一强国所占,就会严重地威胁英国的安全。所以纵然有再大的危险,英国也要维持这两国的独立

※ 1870年普法战争期间法国的国民卫队、别动队、消防队员和志愿兵

现状。

而今普、法作战的结果,会不会威胁到比利时与荷兰呢?当英国人正犹豫不定之时,1870年7月25日登在《伦敦时报》上的一段柏林电报记事,犹如一枚炸弹般地惊动了伦敦市民。

这段电报记事是由普鲁士外交部发布,由法国大使贝内迪亲笔签署的合并比利时条约草案,也就是1866年普、奥战争时,由法国提出,在1867年法使贝内迪亲自签署交给俾斯麦的一份条约草案。而贝内迪签署此案时,正当伦敦会议之后,各国(包括法国在内)同意比利时为永久中立国。

世上实在再没有比这更背信之举了。

铁血宰相——俾斯麦

大家都认为:"法国存心欺骗英国,想要并吞比利时。"

如此一来,英国上下一致决议:如果普法宣战,则严守中立。

这也正合了俾斯麦的心愿。

法国上议院全数通过对普宣战,下议院中虽有一位议员力称宣战是不明智之举,并且声泪俱下,但激动的议员们已经听不进任何忠告,最后以245票对10票的压倒性票数,决议向普鲁士开战。

普鲁士则以遭到法国侮辱及挑战,而不得不应战的姿态,对法宣战。

当时驻柏林特派员的英国记者查理,是这样描述德国国内情形的:

值得纪念的1870年7月,德国人民普遍奋起的壮烈情景,在世界历史上也极为少见。全国国民抱着为国牺牲的决心,献出所有的财物。他们意志坚强,信心十足,一心要报复法国的无礼。他们已经忘记了数年前内部的纷争,不计种族、宗教、政治立场之别而团结一致。进军法国的号角声响彻了全国。

在一声"前进!"的号令下,一百二十万德国大军渡过了莱茵河。

※英国帝国理工大学一角

## 色当战役的获胜

当德军越过莱茵河,来到阿尔萨斯和洛林时,每位德国士兵心中都充满了爱国之情。这两个地区是路易十四在两百多年前,从他们祖先的手中强行夺走的,而今他们为了收复失地而进军巴黎。

如果不打倒侵略过他们的法国王朝,德国民族绝对不谈和平。

浩浩荡荡的德国军队以排山倒海之势向法国推进。

自1870年7月19日开战进入法国以来,普军连战连捷,不到一个月就进逼到巴黎城下。

8月2日,威廉国王亲自指挥德军进攻法国;7日,攻至莫色耳河;15日,到达麦次郊外;18日,在圣布列乌与法军展开决战,德军将法国将军巴山所率领的大军逼至麦次的炮台,并且将其层层包围。

其余的普军正激烈地攻打巴黎。

这时的俾斯麦在哪里呢?

他正和威廉国王骑马渡过莱茵河。俾斯麦身穿戎装,头戴钢盔,腰佩长

※战时巴黎

## 铁血宰相——俾斯麦

剑，脚着战靴。年轻的士兵见到他那魁伟英姿，纷纷举枪欢呼。

但是俾斯麦此刻在想些什么呢？

他正在想前几天在激战中失踪的两位爱子。他把两个儿子都送入军中参与远征，同时编入最前线部队，不料在8月16日的激战中部队几乎全军覆没。

俾斯麦在小丘上远眺山下双方大军的激烈战斗。

黄昏时分，法军终于败退。

俾斯麦骑着马跑下山丘，寻找到了他二十二岁的长子哈佛。原来哈佛虽身中三弹仍坚守不屈，直到法军撤退，才奄奄一息地倒在一家农舍庭院中。

次子威廉很幸运没有受伤。不但如此，威廉在激战时，还冒着猛烈的炮火，救起了负重伤的战友，并将他送至后方救治。

当晚，俾斯麦在营火前得意地向幕僚们叙述两位爱子的英勇战迹。

以前他常爱说："我的祖先没有一个人不曾与法国作战。"

今后他可以说："我的祖先和我的子孙……"

第二天，他亲自到前线去慰问伤兵，他发现将军们的战术，有些是在浪费士兵的生命，就提出战术意见作为实际作战的参考。

德军将巴山将军的军队围困在麦次之后，主力军继续攻打巴黎。不过在进攻巴黎之前，必须先击破

※ 普法战争画面

※ 普法战争特写

法军主力麦克马亨的军队。

麦克马亨的大军究竟在哪里呢?

当时还没有飞机,而且战场又在法国,难怪德军找不到麦克马亨元帅所率领的法军主力。

到了8月25日,德军终于得知麦克马亨主力军的确切所在地。

麦克马亨大军正从拉姆西北出发,欲赶往麦次救援巴山将军的军队。

德军指挥部得知麦克马亨大军的动向后,欣喜若狂,立即下令大军向右方做了个一百八十度的大迂回,这就是历史上著名的"毛奇大迂回"战术。

虽然麦克马亨率领着法国的主力军,但因与巴山将军失去联络,而丧失了救援巴山大军的机会。他本想退守巴黎,不料却遭到巴黎议员的指责,所以不得不再次向莱茵河推进,而在中途犹豫时,坐失良机,又因拿破仑三世病魔缠身,无力决断,因此丧失了许多制胜先机。

9月1日,二十万的麦克马亨大军在色当城外被四十万的德国军队包围。

驻扎在平原上的二十万法军遭到了从四面八方丘陵奔腾而至的四十万德军猛烈攻击。虽然法军勇敢抵抗,但还是被德军击毁了近三百门大炮,训练有素的法国骑兵也在普鲁士步兵的密集围攻下,溃不成军。

黄昏时分,法军退入色当城内,德军团团包围该城。

丘陵上的德军大炮都瞄准了色当城,炮弹如雨点般攻击色当城,法军仍顽强抵抗。

不久,一位手拿望远镜的普军士兵报告道:"他们投降了。"

果然,色当城上竖起了白旗!

威廉一世派一位上校担当军使,赶往色当城。

这位上校到达色当城后,便被带往一家民宅,而在民宅中等待他的正是拿破仑三世。

铁血宰相——俾斯麦

## 拿破仑三世投降

拿破仑三世问明上校来意之后说："过一会儿，我会派一位使者携带着我的亲笔信函送交给普鲁士国王。"

德国上校立即奔回德军大本营，向威廉一世报告情况。在座群臣皆惊叹道："这真是个极成功的战役！"

不久，帐外传来马蹄声，法国军使来到；同时有位法国将军携带法皇亲笔信函随行。

威廉一世展开来函，信中这样写道：

兄弟阁下：
我在军中无法自尽，因此只能把我的佩剑呈给阁下。

阁下的善良兄弟
拿破仑
9月1日于色当

※ 德国普法战争胜利纪念银币

威廉一世随即写了一封回函，让法国将军带回色当。

当时已近黄昏，丘陵上的德军军营已燃起营火，战士们唱起国歌，庆祝法皇的投降。

但是俾斯麦心想："战事虽然

结束了，但是真正的战争才刚刚开始。"

色当城陷落后两天，巴黎组织了新政府。这就是所谓的法兰西第三共和国。

第一共和国出现在路易十四被杀后，第二共和国出现于路易十八下台后，如今第三共和国在拿破仑三世下台后组成，是由数位议会议员为了应变而建立的。现在，这个共和政府失去了所有的军队，而首都又被敌人包围，全国一片混乱。

而今，俾斯麦所要做的就是与这个临时政府议和，而对手正是他最讨厌的议会政治家。

不过，此时俾斯麦所面临的最大困扰是普鲁士军队已将法国国都包围。战争之初，俾斯麦就反对军队围攻巴黎，他深知其危险性。他的目的是统一德国，而不是征服法国。所以他认为只要对法国略施惩罚，除去统一德国的障碍即可，至于过分地羞辱法国而招致怨恨，则并非他本意。

同时麦克马亨大军已在色当城投降，如今只要攻下麦次城，歼灭巴山大军，法国便等于完全失去抵御能力。因此他想停止军事行动，开始进行和谈。

但德军的将领们已在普、奥之战中丧失了进入维也纳的机会，这次大家都决心一定要攻陷巴黎。

所以当拿破仑三世在色当城投降后，毛奇元帅率领大军就立即转向巴黎，两周后大军到达巴黎郊外，将法国首都层层包围。

俾斯麦所要对付的第二大难题就是外国的干涉。

首先俾斯麦要对付的是英国。当初英国因为受到法国阴谋吞并比利时的刺激，国内舆论激烈地反法；如今拿破仑三世已投降，法军几乎全军覆灭，英国人的想法于是有了改变。尤其是被围困在麦次的巴山大军，士兵因饥饿而煮食皮靴的新闻报道，引起了维多利亚女王的同情，所以英国便向普鲁士请求运送粮草进入麦次城内，同时知会普鲁士，英国不承认法国割地给普鲁士作为和平条件。

对于英国的无理要求，普鲁士断然拒绝。四天后，麦次城内的十六万三千名法军无条件投降。

其次俾斯麦要对付的是奥地利。当时奥地利曾暗中计划自侧面偷袭普鲁士，幸为俄军所阻挡，这是俾斯麦多年来的亲俄政策的功效。俄军一方面牵制奥地利出兵，一方面在10月31日，突然声明终止克里米亚战争和平条约中有关黑海义务的条款，这个举动对英国来说不亚于晴天霹雳。此和平条约是在克里米亚战争后，俄与英、法、意三国所缔结的。其中，法国已经战败，无暇他顾，唯独英国最难招惹。此时此刻公开作这种声明，无异是对英挑战。虽然英国无法独力与俄作战，但为了顾全脸面，也绝不会默认俄国单方面废弃条约的无理声明。

俾斯麦见英国陷入窘境，便提议召开伦敦会议，召集欧洲各国代表在伦敦集会共同讨论有关黑海的问题。1871年1月17日，伦敦会议召开，各国代表首先郑重声明条约的神圣性，任何国家都不得擅自废弃。然后经过具体的讨论，决议接受俄建议，改订1856年的黑海协定，英国也在各国代表声明条约神圣的决议下，挽回了颜面。

这些都是俾斯麦成功筹划，卖给俄国人情，从而使英、奥无法从背后偷袭德军，而后德国便可全力对付正面之敌——法国。

而处理法国问题就是俾斯麦所要面对的第三件难题。拿破仑三世已被德军俘虏，而巴黎新政府还不具备统领全法国的实力，俾斯麦究竟要与谁议和呢？

他想到的一个办法是让拿破仑三世恢复帝位，可经过数次交涉

※ 维多利亚女王

※日耳曼女神铜像，象征威廉王朝自普法战争后振兴国力的抱负

后，他发现此法行不通。于是他又想成立一个受全法国国民支持的政府，这个政府成立的前提是让法国尽快实施总选举，选出民意代表，成立议会政府。但是巴黎议会的政治家完全不同意他的建议，所以最后的办法只有与这些巴黎政治家谈判，来完成和约的签订。

普、法战争一开始时，俾斯麦就成立了一个临时外交部，随着国王和军队四处移动。其下有部长、书记官、电报员、新闻官、传令兵以及伙夫等。

俾斯麦与这些部下在军中共同生活，他爱护部属的行为令他们大为感动，每一个人都忠诚地为他效力。

色当城陷落两周后，俾斯麦在巴黎近郊罗斯柴尔德男爵的别墅中饮宴时，法国新政府的代表法布尔出现。

这位有雄辩之才的政客来意是要和俾斯麦商谈停战的条件，但是他滔滔不绝，好像忘了他的目的。他谈到爱国心以及法国民族的过去和现在，他说："我们不惜倾尽囊箧，也绝不愿割舍任何一块祖国领土。"

但俾斯麦冷漠地对他说："史特拉斯堡是我家大门的钥匙，我一定要拥有它。"

法布尔则表示这项举措会严重损害法国人民的荣誉心，留下无穷后患，最后甚至声泪俱下。

俾斯麦却不为所动。

第二天早上，两人再度会见，法布尔要求俾斯麦给十五天的考虑时限，同时将法文文书交给俾斯麦。

俾斯麦立即将一份德文文书交给法布尔，说："阁下，这是我们的回答。"

俾斯麦的这份德文文书打破了以往的外交惯例，因为过去都用法文外交书，但俾斯麦自从统一北部德国之后，就有意向世界确定德语的地位。所以他打破惯例，以德文进行外交交

## 铁血宰相——俾斯麦

涉。也就是说,他要以德国文化向历史悠久的法国文化挑战。

法布尔看到俾斯麦的外交书后,开始逐条讨论,倾其所有的智谋和辩才,欲作有利于法国的协定。

但是俾斯麦寸步不让。

经过三次讨论之后,法布尔疲惫不堪地拖着沉重的脚步返回巴黎,他的口袋中带着一份条件苛刻的停战条约。

不久,法布尔派人回复俾斯麦,表示巴黎政府拒绝了德国的要求。

当时法国政治家杰鲁访问欧洲,策动各国进行武力干涉。所以巴黎的临时政府希望能借此造成有利于法国的局面。

不过,此时德军已发动其精兵,攻陷史特拉斯堡,南侵罗瓦地区,大军包围了巴黎。

炮击巴黎的日子日益迫近,全欧洲都在关心此事。

法布尔派人送信给俾斯麦,信中写道:

*阁下准备何时轰击巴黎?届时请知会一声,因为必须要让各国外交使节安全撤离。*

俾斯麦则答道:

*炮击巴黎的时间和方法纯属军事机密,很遗憾,我无可奉告。*

巴黎人民仍然不愿投降,他们决心为国殉身。虽然他们明知这是无益之举,但这正体现了法国人的民族精神。

1870年10月4日,俾斯麦通告欧洲各国政府,说明破坏巴黎的责任不在德军,而在于顽劣的巴黎人民。当天他便进驻巴黎西南的凡尔赛。

凡尔赛是曾使法国成为欧洲第一强国,同时成为世界第一的文化中心,也是路易十四所建立的大宫殿所在地。

※ 史特拉斯堡城市风景

## 遭到法国国民的攻击

当时巴黎的舆论如何谴责俾斯麦呢？巴黎的报纸正尽其所能地诬骂可恨的俾斯麦。

他们称俾斯麦是"恶魔的化身""基督的叛徒""现代的马基雅维利""维苏威火山外交官""充满了鬼主意的野蛮人"……

他们指责俾斯麦是杀害四百万生命的吸血魔鬼，指责他的私生活正如杀害了六位妻子而将尸体藏在密室中的恐怖的"蓝胡子"再世。传言他用狗鞭鞭打妻子，同时说他有一专供妻妾居住的私邸，凡是见到柏林的美丽修女，就派遣一批恶魔将修女从修道院绑架夺走。又说他的私生子至少五十个，有一次他的一位爱妾在戏院内与一位俄国贵族幽会，俾斯麦发现后，将这位爱妾带到舞台后面，用马鞭打得她皮开肉绽，奄奄一息。此外，他还利用外交机密，操纵欧洲各国的股票市场，大做投机生意，获取暴利。最后骂他是破坏了"十戒"中每一条戒律的罪大恶极之徒。

类似这些恶毒中伤，每天都出现在巴黎的新闻中，造成了相当的新闻幻觉。不难想象，这些印象对后来法国人对于德国人的看法有着很大的影响。

不过这些攻击，不仅是俾斯麦一人，也是所有

铁血宰相——俾斯麦

从政者必须背负的十字架。也就是说，如果畏惧这些毁谤和咒骂，便无法有所作为。因为所有的毁谤正是对当事人承受能力的一种考验。

那么俾斯麦对法国人的看法又如何呢？

前面已提过他很喜欢英国人和美国人，同时对俄国人也有好感。他曾批评法国人说："法国人可能是世界上最肮脏的民族了。"

骄傲的日耳曼人认为自己可以说是欧洲人中最爱清洁的民族，即使是与他们同种的荷兰人，每天早晨都要用抹布擦拭家门前的石子路。因此我们可大致了解德国人对不注重肥皂、清水和毛巾的法国人是什么样的看法了。

俾斯麦的妻子非常爱清洁，她认为肥皂和毛巾与宗教信仰有着密切的关系。换言之，不将身体保持清洁的民族，他们的精神必定同样地污秽。不难想象，俾斯麦的想法肯定会受到他妻子的极大影响。

另外，俾斯麦极为轻视法国人的体格，他曾夸张地说：

"我们德军一个中队排成一横列时，要比法军的横队宽出五米。"

他一向认为法国男子缺乏男性气概，同时他也认为法国缺少美女。

他曾对友人说："我走遍法国乡间，还未碰见一位中意的女子，全是些姿色平庸之人。也许有美女，不过可能都被卖到巴黎去了。"

他还说法国人只有一张嘴，而没有一颗真诚的心，唯有德国人有一颗真诚的心，不过英国人也有一点点；但法国人的心里充满了嫉妒与憎恨。

他批评法国人没有内涵，只不过拥有一些财富和礼仪，毫不足畏。他们除非在伟大的领导者之下，才会产生力量。而德国人因为每一个人都有主见，所以在分裂的日子里，仍然是伟大的。

或许在当时，俾斯麦对德、法所做的批评或许有些道理，但是今

※ 俾斯麦家乡的纪念塔

天的情况已完全相反。

如今，个性最独立的首推法国人，所以法国的舆论较难统一，但法国人本身却创造了许多伟大的事迹。相反地，抽象概念发达的德国人有时却缺乏具体的个性，这是威廉二世和希特勒的统治造成的——"在一个独裁者的领导下盲目地跟进"。

那么是谁使德国人变得如此呢？不就是俾斯麦吗？正如本文所说："俾斯麦使德国伟大，却使德国人渺小。"

一百多年前，俾斯麦所夸耀的德国民族性，是斯坦因及歌德时代所具有的。可是在俾斯麦二十八年高压政策之下，伟大的德国政府虽然产生了，但是奔放自由的德国民族性逐渐衰退了。

两国人民彼此都持有偏见。他们之间的误解，就是两国间千年来不能和平相处的根源。虽然他们之间仅隔着一条莱茵河，但他们的心如相隔千万里的南北两极。这实在是历史上的一大不幸！

色当城的攻陷犹如德国统一的时钟。

数千年来一直威胁着德国民族的"强大的法国军队"，在一夜之间被解除武装，德国人心中都充满了喜悦。

"统一吧！"

"建立帝国吧！"

南部德国也出现了要求统一的呼声。当初南部德国认为与其居于北部德国的下风，倒不如与奥合并或向法国投降，但在得知"法皇在色当城投降"的消息之后，立即掀起与北德合并的运动。他们齐声喊道："快夺回阿尔萨斯和洛林吧！"

这个口号逐渐传遍全德国，其目的就在于统一德国。

原本反对进攻巴黎，也不愿夺取阿尔萨斯和洛林的俾斯麦，逐渐被舆论所打动，改变了他的政策。

注重现实政治的俾斯麦，随时注意着国民的意向。如今他认为若要达成统一的最终目的，必须自己退让一步，按照民意夺回阿尔萨斯及洛林，更何况他发现这是让南德诸邦并入普鲁士的最佳诱饵。

受到舆论的影响，南德诸邦君主纷纷遣使谒见俾斯麦，要求加入北部德国邦联。眼见枝头的果实就要成熟，但俾斯麦仍按兵不动，他要等到果子完全成熟时再说。

他时刻注意着统一的"果实"，若在还未成熟时便摘取，将会减损果实的价值。绝不能因一时的胜利而贸然行动，否则必将遇到难以预料的困难。

"不急！"他想。

# 铁血宰相——俾斯麦

他觉察到英国有可能出面干涉的危险，于是静观巴黎无政府状态的变化。这个统一德国的大好机会仍可能随时从他的手中飞逝。

不过，他并不着急。他一生都在沉着等待机会的来临。

可是许多阻碍却意外横生。

其一就是王子腓特烈亲王的急进论。王子主张由父王威廉一世登上德国皇帝帝位，其他德国小邦君主都位列群臣，并且公布统一德国的宪法，建立名副其实的独立帝国。如果有邦国胆敢反对，则以武力镇压。

王子的态度和以前截然不同，过去王子是自由主义者，他建议父王停止与奥战争，曾数次反对对外宣战。可是当他看到俾斯麦犹豫不决时，转而主张速战速决。

王子以责备的口气对俾斯麦说："到了这个地步，你还犹豫不决，难道是在否定自己的力量吗？"

听到王子这番话的俾斯麦，肯定会在心中大笑。这是他第一次听到别人说他不认识自己的力量，而这句话又偏偏出自于自由主义者的王子之口。

俾斯麦徐徐答道："南德诸邦

※ 慕尼黑城市一角

目前是我方的友军，就凭这一点，我们便不能以武力威胁，否则只有眼睁睁地看着他们投向奥地利的怀抱。"

俾斯麦坚持自己的看法，但王子固执己见不肯让步，于是他采用他最拿手的办法，对王子说道："既然如此，我只好请陛下另觅良才了。"

王子终于让步，不再坚持。

此外，俾斯麦的另一层障碍是巴伐利亚反对统一。

南部四邦中，以巴伐利亚领地最广，其王室也为欧洲世家，所以不愿屈居于普鲁士之下。

双方派出的使者不知在凡尔赛和慕尼黑往返了多少次。巴伐利亚主张邮政、电信、铁路独立；享有平时军队独立权；外交方面，则主张设立一个以巴伐利亚代表为议长，由各国派遣代表出席的常设委员会。

同时，其他各邦也顽固地要求保留各自军队的制服和徽章。

一向很有耐性的俾斯麦，这时也几乎忍无可忍，他想策动各国民众威胁他们的君主。不过，各国最后都同意了签署条约。

当晚，俾斯麦愉快地回到自己的寓所，在客厅中对部属说："巴伐利亚终于签署了条约，德国统一总算完成了。今后要以德国皇帝的名义统治，这是一件大事情。当然这个条约仍有缺失，不过因为这个条约，我们现在更强大了！至于不完美之处，只要以后慢慢改订便可。"

不过仍有部分人士指责俾斯麦对巴伐利亚过于让步。尤其是德国议会内的统一派议员，他们纷纷发电报给俾斯麦，要求他订立一个更为中央集权的条约。俾斯麦立即回电表明自己的意思，而这个方法又平息了反对派的争议。

克服一切障碍之后，俾斯麦将要完成统一德国的大业了。

俾斯麦在完成他毕生的两件大事业——击败法国和统一德国的五个月中，本应该是他最得意的日子，可是事实上却完全相反。在这五个月的时间里，他每天都在郁闷、不安、焦躁、痛愤的心情下度过。繁忙的公务使他的神经紧张，时常对属下发脾气。他的失眠、晚起等毛病日益严重。他常因忧虑而辗转难眠，直至破晓时分，才恍惚入梦。如果佣人在上午11点前将他吵醒，他会很不高兴。

他仍旧狂饮、暴食，他吃不惯国王的膳食，所以每次国王要他一同进餐时，他一定会在家中吃饱才去。

## 铁血宰相——俾斯麦

在战场上,由于妻子不在身边,他常感到寂寞,而最令他痛苦的是四周人们对他的反感。除了他的僚属之外,几乎所有的人都憎恨他、嫉妒他,而令他最难过的是军事首长常对他隐瞒许多军事机密,这让他在执行政务时常感到不便。有时他必须从《伦敦时报》特派员的口中才能探知一些军情。

不过这种尴尬局面却是俾斯麦自己一手造成的。因为他过去常以独裁手段,毫不客气地干涉战略和战术,同时激烈责难军人的战略,军人愈讨厌他,他就愈找机会在众人面前辱骂他们的长官。其中尤以毛奇与他相交最恶,这两个人不论在哪一方面都截然不同。

毛奇的父亲虽是德国人,但后来移民丹麦,才生下他,所以他在二十二岁以前是丹麦的军官。后来进入德国军中,四十年后曾率领德军攻打丹麦。有这种不平凡经历的毛奇,性格也与常人不同。

毛奇冷静,而俾斯麦容易激动;毛奇沉默寡言,而俾斯麦词锋犀利;俾斯麦以自我为中心,但毛奇却全然无我;俾斯麦态度傲慢,毛奇则待人殷勤;俾斯麦喜爱狩猎、豪饮、暴食、晚起,毛奇则爱写小说、翻译外国名著、聆听莫扎特乐曲、节食、少饮、早起;俾斯麦体格魁梧肥胖,毛奇却身材瘦削;俾斯麦住在豪华的宅邸,并有许多秘书为他办事,毛奇则与年轻的英国妻子过着简朴的生活,膝下无子女,凡事不假手他人。

色当城陷落当日的黄昏时分,毛奇见俾斯麦骑马迎面而来,就邀请他同乘一辆马车巡视普军阵地,士兵们看到毛奇元帅时都齐声欢呼,祝贺战事的成功。此时,俾斯麦对毛奇说:"奇怪!他们怎么这么快就认出了我呢?"

当时,毛奇不动声色,等到四天以后,才将此笑话说给同僚军

※ 统一德国的三大功臣——俾斯麦、罗恩、毛奇

官们听，而他自己也忍不住笑了出来。

像这样各方面都相反的两个人，不发生冲突才怪呢！他们之间大的冲突以在普、法之战中最为明显，而在围攻巴黎时则达到高潮。

毛奇不但不告诉俾斯麦所有的军事机密，就连政治、外交等事，也都直接禀告国王，左右国王的意见。

前面曾提到俾斯麦反对进攻巴黎，而主张在攻陷色当城后，驻军于亚冈森林，引诱巴黎敌军至平地，然后一决胜负。可是毛奇根本不把俾斯麦的战略放在眼里，他按照自己的计划率领大军包围巴黎。

一切对外交谈判有利的军事进展，毛奇都不肯透露给俾斯麦。俾斯麦心中的气愤，可从他对僚属的抱怨中得知："你们看看，这些忘恩负义的军人一点都不感念当初我在议会中为他们争取军费的情形，竟然以这种态度对我！等着瞧吧，我要让他们知道，以后我会完全改变。等回到国内之后，我会一毛钱都不为他们争取！"

另外，让俾斯麦伤脑筋的是如何处置德国邦联的小君主。这些虚荣、无知又无能的小国君主，使俾斯麦煞费苦心。

1870年11月的某日傍晚，他和德国南部某小邦的大臣会谈之后，回到旅馆。他在部属群聚闲谈的客厅中喝了一杯啤酒后说："真受不了！过去我想过好几次，但现在最为迫切。我真希望变成一位有权命令别人行动的人，纵使只有五分钟也是好的。"

由此可见，他为了奉承南部诸邦的君主，内心是多么的痛苦！

12月中旬，他突然失踪了。整整一星期，没有人知道他的踪迹。原来这正是他惯用的手段，目的是整整那些对他无礼的可恨的军人。

当他出现之后，大家都松了一口气。王子立即招待他和毛奇进餐，希望两人言归于好。可是毛奇依然沉默寡言，而俾斯麦又毫不客气地批评毛奇的战略，结果一场宴席不欢而散。

在这种不愉快的气氛下，俾斯麦仍得费心与正面的敌人巴黎政治家谈判如何收拾战局。而对方是法国最出色的人才齐耶及其助手雄辩家法布尔。

铁血宰相——俾斯麦

## 争取德意志统一

除了和平谈判之外，另有一件大事要进行，那就是统一德国。

当南德的四个主要邦国要求和北德合并时，统一的准备可谓一切就绪，可是又发生了意外。那就是元首的称谓问题：威廉国王反对被称为"皇帝"。他说自己是普鲁士人，深爱"普鲁士国王"这个名号。同时路易国王反对普鲁士王称帝。现在俾斯麦究竟要使出什么样的魔法才能让这位反对称帝的巴伐利亚国王将皇冠戴在同为反对者的威廉国王头上呢？

路易国王在接到堂弟巴登大公寄给他的有关德国皇帝问题的信件后，始终不予理会。因为他反对帝国，也反对皇帝，所以不愿被牵扯进去。

但后来他接获一封邀请函，信函中指出如果他有意到凡尔赛，将请他住在路易十四建的美丽宫殿别馆之中。为此，路易国王心动了，因为这种机会实在是难得。

路易国王派好斯坦伯爵向俾斯麦询问其别馆——特里侬宫殿的情形，这正是俾斯麦求之不得的事。

俾斯麦紧紧掌握了好斯坦伯爵和路易国王的心态，写了三封信交给好斯坦伯爵。这三封信充分体现了俾斯麦的权谋之术。

第一封信的目的在于说服路易国王。俾斯麦说明如果德国统一之后,由"普鲁士国王"干涉巴伐利亚内政,无异是伤害了巴伐利亚国王的尊严。因为"巴伐利亚国王"和"普鲁士国王"是平等的,并无尊卑之分。但若改称"德国皇帝"则可另当别论。纵使德国皇帝干涉巴伐利亚内政,巴伐利亚国王也没有理由感到羞辱,俾斯麦以此来满足路易国王的虚荣心。

在第二封信中,俾斯麦详细说明了自己家族和巴伐利亚王室的关系。因为巴伐利亚国王的祖先在布兰登堡时是俾斯麦祖先的国王。为此,俾斯麦在信中诚恳地向巴伐利亚路易国王表示自己的感戴之意。

第三封信是一份拟稿。俾斯麦建议路易国王若能按照拟稿回信,则是他无上的光荣。此拟稿内容为巴伐利亚国王劝告普鲁士国王答应称帝之事。

好斯坦伯爵带着这三封信返回慕尼黑,呈递给路易国王。因牙痛卧床的路易国王看了俾斯麦的来信,露出笑容。他再三阅读了来信之后,就提笔按照俾斯麦的要求,将俾斯麦的第三封信抄写了一份,交给好斯坦伯爵。对这件事他连内阁的意见都不征询。

好斯坦伯爵带着国王的书信回到凡尔赛。当威廉国王听到"巴伐利亚国王有信来"的报告时说:"那是首相之事,先给俾斯麦看看。"

在当天所有宴席结束之后,王子邀请国王一同听俾斯麦念来函的内容。俾斯麦不动声色,以庄严的语气念出自己所拟的信函后,老国王很不高兴地说:"怎么在这个时候有这种信呢?"

国王并不知道这是俾斯麦的计谋,愤而离座回宫。

王子感到很满意,他紧握住俾斯麦的手,高兴得不得了!

不过国王仍坚持他的意见,所以俾斯麦不得不再度运用其计谋,召开了柏林议会。

议会中,他诘问议员:"德国统一之后,统治全德国的元首应当如何称呼?"代理首相立即站起来宣读了巴伐利亚国王的来信。

结果,议会派出了三十名代表到凡尔赛宫晋见国王,要求国王戴上德国皇帝冠冕。

一切已准备就绪,现在只剩下正式的加冕大典了。

## 德意志帝国成立

**1871** 年1月18日，德意志帝国在凡尔赛宫正式成立。

但是在前一天，威廉国王仍然强烈地反对此事。国王说他愿答应称"德意志的皇帝"，而绝不接受"德意志皇帝"之称。

俾斯麦对国王的偏见全力劝导。俾斯麦解释说："'德意志的皇帝'会令人误以为国王将全德领土视为己有，而招致其他邦国君王的反对。并且按照过去的例子来看，罗马帝国和俄罗斯帝国都是称'罗马皇帝''俄罗斯皇帝'，而不是称'罗马的皇帝''俄罗斯的皇帝'。就连普鲁士的银币上

※ 凡尔赛宫外景

## 实现德意志帝国的强大

◇ 图 说 名 人 ◇

**名人名言**

国家在策动战争时必须要小心从事，除非全面大胜，否则，在观感上便已经失败了。

——俾斯麦

刻的也是'普鲁士王',并非'普鲁士的王'。再说'皇帝'和'国王'之间,在地位上并无高下之分,由'普鲁士王'改为'德意志皇帝'并不表示由地位较低的'普鲁士王'晋升为'皇帝'。"俾斯麦做出如此详细说明。但是国王一旦决定之后,就很顽固。

"我绝对不做'德意志皇帝'!"他如此大吼着,像个小孩子一样,然后拂袖离座,走到窗前眺望远方。

不久,老国王流下眼泪,并说:"也许过了今天,我就不能再称为普鲁士王了!"

国王认为这个称呼是他的祖先用剑维护,并沿袭下来的可贵尊号,经过腓特烈大帝的英名之后,已经被神圣化。如今要放弃它,而成为莫名其妙的德国皇帝,实在心有不甘。

最后,国王对俾斯麦说:"王子也与卿持同样的意见,但我绝不让步!我还是要普鲁士王的名号。明天的典礼,我不参加。"

国王甚至威胁俾斯麦,如果再强迫他,他就要退位,让王子继承王位。

但是俾斯麦毫不慌乱,因为他了解老国王的脾气。

他深知这位军人性格的国王,刚勇、正直、有责任感,没有一点虚荣心和功名心,只不过是性情偏激、顽固了些而已。所以俾斯麦打算借助他自身的责任感来说服他。

第二天早上,俾斯麦问位列邦联诸王首席的巴登大公说:"当我宣读完帝国成立的文告后,大公出面发表祝辞时,准备如何称呼威廉老王?"

大公回答道:"我想按照国王的意思,称他为'德意志的皇帝'。"

俾斯麦说:"这违反了柏林议会的决议。"

经俾斯麦这么一提醒,大公一时也不知如何是好。俾斯麦知道大公也是一位立宪主义者,极为尊重议会的决议,所以他正期待着自己所用的妙药奏效。

不出所料,巴登大公立即求见威廉国王,与国王进行了一段长时间的会谈。

*我不知道他们两位君臣在这次会谈中谈些什么。不过在正式典礼上,巴登大公避开难题,称呼国王为"威廉皇帝"。*

这是俾斯麦在回忆录中写上的一段。

在典礼的前一天,有一份以

铁血宰相——俾斯麦

※威廉一世在法国凡尔赛宫登基为皇帝，白衣者为俾斯麦

宫内大臣名义公布的文告中写道："明日正午在宫殿内举行大典。"

因此俾斯麦相信，虽然皇帝名称未定，但威廉国王一定会出席此次典礼。他知道威廉国王是一位有责任感的人，一旦自己的臣属发布了公告，身为国王而主持其事则是他神圣的义务。

典礼当日，在王子腓特烈亲王的指挥下，六十位手持军旗的士官，六百位将官，数十位文官，列队进入凡尔赛宫的大厅，随后是各邦联的元首，最后出现的是威廉国王。

从国王的日记中可以看出当时的景况："对于军人的行列及军旗的摆置，我丝毫不在意。他们曾要增设王座，但为我所拒。因为我要在典礼中和各国君主并列在神前。

不过我发现自己的军旗被竖立在较高的位置，所以我就步上其位。因为我相信，军旗所立之处，就是我站立之所。"

典礼开始，在祈祷之后，俾斯麦庄严地宣读德意志帝国成立的文告。

他打败了丹麦、奥地利和法国，并且排除了列强的干涉，顺利地建立起德意志帝国。在帝国成立之日，他内心十分激动，脸色略显苍白。

当俾斯麦宣读完毕时，全场鼓掌欢呼。

王子腓特烈亲王走到父皇面前，跪在地上亲吻父皇之手，而老皇帝也扶起王子，双手拥他入怀。因为这个帝国将会由这位王子继承，父子二人激动得热泪盈眶。

威廉一世步下了高台。

这时满场人士都不约而同地将注意力放在俾斯麦身上。

俾斯麦是创建帝国、拥立国王称帝的大功臣，新皇帝必会在众人面前向他表示谢意，大家都如此期待着。

可是新皇帝走过俾斯麦身旁，径自走到排在俾斯麦身后的军伍前，伸出手和将官们一一握手致谢，直到最后都未与俾斯麦交谈半句。

关于当时的情景，俾斯麦在回忆录中写着："陛下对我所采取的行动极为愤怒，所以当他步下高台时，完全无视我的存在，而是走到我身后的将军面前，与他们一一握手。皇帝对我这种冷淡的态度持续了数日，但不久，我们间的关系又和好了。"

这就是新皇帝对俾斯麦将近十年辛苦努力的回报。

俾斯麦在众目睽睽之下忍住了羞辱，因为他了解皇帝的性情，他相信皇帝暂时的怒意不久之后便可化解。更何况自己的所作所为也是为了德国的将来，所以俾斯麦并不与威廉皇帝计较。

接着，还有一件大事等着他处理，那就是与法国议和。

趁英国尚未干涉之机，必须及早向法国索取土地与偿金；而且在自己的军队的野心尚未得逞之时，必须赶快自法国撤兵。

所以俾斯麦立即着手准备议和的工作。

这时距凡尔赛不远的巴黎，情况却极为凄惨。

被围困的巴黎城内充满了饥饿、绝望、患病、死亡的人。他们无力突破包围的德军，只是不愿投降而继续作困兽之斗。不过在他们心中仍有一线希望，那就是期待外国的干涉。

他们认为法国建立的文化，其恩泽广布世界，而今这个文化之都将被野蛮的普鲁士军队摧毁，世界上的其他文明国家总不至于坐视不管吧！

但当巴黎人民看到原本值得信赖的英国在此时仍按兵不动时，他们终于绝望了。

1871年1月25日，一位法国士官求见俾斯麦，呈上一封信函，这是法国临时政府的代表法布尔要求会见的信函。

※普鲁士战士

铁血宰相——俾斯麦

※ 钱币上的拿破仑三世头像

1月底,俾斯麦和法布尔开始交涉历史上著名的停战条约。

俾斯麦一开口就对法布尔说:"这一次,阁下绝不能再说不愿割让任何一块土地了。因为现在的情势已与去年9月不同。如果阁下还是坚持己见,那就没有什么好谈的了。"

俾斯麦又说:"你的头发比上次见面时白了许多,不过这次你已没有好机会了。隔壁房内,拿破仑三世的代表正等着我,我正想与其交涉……至于阁下,我已不想多说什么,因为我可以不承认阁下代表的共和政府。那只不过是由数位叛乱者组成的。如果皇帝再返巴黎,你们都会被处死。"

法布尔说:"这样一来,本国会发生内乱,变成无政府状态。"

俾斯麦却不在乎地说:"这还说不定呢,再说贵国内乱对我们德国人并无不利之处。"

法布尔说:"阁下不怕我们在绝望之余会全力抵抗吗?"

"抵抗?那又如何呢?你们为了维护军人的荣誉,而陷二百万市民于饥饿之中,此乃人神共愤之举!"

俾斯麦说完后,离座而起,欲至隔壁房中会见他所说的所谓的拿破仑三世的使者。

"请等一等,"法布尔叫道,"我们已经受够了!请不要再侮辱拿破仑三世。"

很快,停战条款全部谈妥。首先双方同意停战二十一天,让法国国民选举国民议会,成立议和组织。此外,俾斯麦要求两亿法郎赔偿金,解除巴黎守备军的武装,拆毁巴黎城墙,并主张让德军占领巴黎,而最后一点是法布尔最难接受的。

饭后,俾斯麦请法布尔抽支雪茄,法布尔予以辞谢。俾斯麦就笑着说:"这你就错了,我以为在展开激烈讨论之前,最好抽支雪茄,因为任何人都不愿雪茄掉落地上,所以不至于过分激动,而且抽烟能使人镇静。再者雪茄冒出的紫色烟雾，看起来极富魅力，这样我们自然会变得容易妥协，因为眼睛有东西看，手里有东西玩，雪茄的香味又如此怡人。所以抽支雪茄，实在是幸福的。"

不久，俾斯麦在谈话中逐渐变得激动，这时与法布尔同行的一位法国伯爵随即面带笑容地拿出雪茄递给俾斯麦。

虽然俾斯麦有副铁石心肠，但对战败国的使者，始终态度和蔼、殷切，绝不忘和颜悦色的外交官作风。

后来法布尔回忆当时的情景说："在政治方面，他的才能实在出乎我的意料。他重事实，一切谈判，都集中于如何解决实际问题。他是一位善感而略微神经质的人，有时我会为他的过于热情而吃惊，但有时也会被他的冷酷而惊吓……不过他从不欺骗自己。当然，他那冷峻的态度，时常伤害了我的感情，也令我愤怒。但不论大小之事，他的处理都公允而正确。"

当晚，法布尔带着严苛的停战条件返回巴黎。

午夜时分，法布尔在他外交部办公厅的阳台上，眺望着星光下的塞纳河，敌我双方的隆隆炮声不断传入耳内，拿破仑帝国在今晚便将结束了。

想到往日的繁华与今日的残破——历史的演变比走马灯还要快。法布尔怅然叹息，禁不住泪流满面。

同时，在巴黎市内，星空下也有一位青年站在巴黎北方的蒙马特丘陵之上。

他静静地听着隆隆的炮声，知道德军已将巨炮安置在小镇上，准备攻击路易十四和拿破仑所建造的国都。

这位青年咬牙切齿地对自己说道："我一定要报仇！"

他就是克里蒙梭。

克里蒙梭不像法布尔般软弱哭泣，却像俾斯麦般激愤不已。

四十八年后，他同样在凡尔赛宫把战败的德国使臣叫到面前，抛下条约文书，大声吼道："快签字！不许再讨论了！"

新选出的法兰西共和国议会，于1871年2月12日在波尔多小镇召开会议。

经过激烈讨论之后，新议会决定派齐耶为全权大使，以法布尔及皮卡尔为副使，率领十五位议员到凡尔赛与俾斯麦谈判和约。

2月21日，齐耶与俾斯麦会面。俾斯麦提出的议和条件是，割让包括史特拉斯堡和贝尔福特的阿尔萨

铁血宰相——俾斯麦

斯州全部以及包括麦次在内的洛林州一部分。另外，赔偿德国六十亿法郎。

这些条件对法国而言太苛刻了。

齐耶以他三寸不烂之舌全力辩驳，强调六十亿法郎的偿金超出了法国人民的负担能力，要求俾斯麦以正义、宽怀之心，放宽条件。

但俾斯麦不作任何让步。

后来俾斯麦听说有关赔偿金的问题英国有意插手，居中协调，于是俾斯麦以假借普鲁士国王命令为由，将六十亿减为五十亿法郎。

但齐耶仍不答应，他声明二十亿法郎已是法国人民所能负担的极限。他同样坚持己见，不作让步。

俾斯麦忍耐不住了，猛然从椅子上站起，来回踱步，说："我了解，阁下有意重整旗鼓，再启战端。好吧，你进行吧！去请求英国的帮助好了。"

他最后又加上一句："这是最后通牒，我绝不让步！"

齐耶也异常愤怒，他从椅子上跳起大叫道："这完全是敲诈，太卑鄙了！"

俾斯麦听完这句话，以温和的语气用德语说道："什么？我不太懂法语，所以听不懂最后一句话。对于此，我无法以法语回答你，所以我想通过翻译，以后用德语交谈。"

当两人情绪平定下来，重新谈判时，俾斯麦则恢复了使用法语交谈。

齐耶拒绝割让麦次城和贝尔福特炮台，而俾斯麦则坚持割让麦次和要求赔偿。事实上，在贝尔福特几乎没有德国人居住，并且过去它也不属于德国领土，所以俾斯麦认为齐耶的提议不无道理。俾斯麦于是请求威廉皇帝裁决，皇帝也同意让步，决定删除割让贝尔福特的条款。法国方面也做了让步，同意德军占领巴黎，和约终于达成。

2月26日，双方在凡尔赛宫签署了和约。事后，齐耶恢复其原来的身份，以历史学家的立场对俾斯麦说："说实在的，是我们帮助了你统一德国。"

俾斯麦回答说："也许是吧。"

这句话含意深远，很可能代表了俾斯麦的心声。在他看来，如果德军不围攻巴黎，也许统一德国的大业还得拖延；但是如果不激怒法国民族而统一德国，也许对德国的未来更为有益。

5月1日，三千德军进入巴黎城内。

俾斯麦也骑在马上随军进入凯旋门，这时距开战之时恰好七个月。

5月3日，波尔多议会批准了和约，德军立即撤离巴黎，不到一周，俾斯麦便回到了柏林。

5月10日，双方在法兰克福正式签署和平条约。

现在俾斯麦所要做的，是为新诞生的德意志帝国注入一股新生命的活力。

被拿破仑征服、蹂躏的普鲁士是一个古老而衰微的国家。腓特烈大帝所建立的世界声誉已被破坏殆尽。它的领土被夺取，国民意气消沉，为消灭拿破仑而燃起的爱国热情，经由普鲁士王的暴力统治而冷却。1848年3月的柏林革命，使普鲁士王朝几乎不保，因此在国际上处处受到奥地利的欺凌羞辱以及德国邦联的轻侮，逐渐沦为次等国。

然而在这堆灰烬中，国民的热情再度复燃，这个古老而衰微的小邦，变成了一个新兴的大帝国，使柏林成为全欧洲君主首相集会之所，主宰着全欧政局，这究竟是谁的功劳呢？

这当然是铁血宰相俾斯麦尽其智谋、勇气、努力而得来的。他以短短八年的时间创造了这个惊人的奇迹！难怪全世界都为之刮目相看，并称赞他为"伟大的拿破仑再世"。

现在全欧洲都跪在他的脚下赞美他。自从拿破仑以来，19世纪的欧洲能拥有这种地位的政治家可说是绝无仅有，他如旭日东升一般，以耀眼的光芒，照亮了整个欧洲。

他的智慧与勇气，在当时可谓无人能与之相比。他本人有这种自信，而全欧洲也都这么认为。因此，人们又称赞他为"最伟大的欧洲人"。

各国的元首都争先恐后地来到柏林向威廉老皇帝表示敬意，同时也必定要拜访俾斯麦，以博取他的欢心。因为他不但是强大的德国的领导者，而且善于操纵欧洲各国，凡被他嫉视的国家，都会遭到不利

※ 拿破仑

## 铁血宰相——俾斯麦

的待遇。

现在俾斯麦的首相地位与其他各国的首相地位完全不同。

他在自己所拟定的德意志宪法中，明确规定首相的地位，除了是内阁之首外，同时也是唯一的国务大臣，其他阁员则不用大臣之名，而以行政长官称之。这一点，与英国宪法中首相的地位迥异，反倒与美国总统的地位类似。这可能是因他受到好友马特利及其他美国友人的影响，早就对美国宪法产生了兴趣，而在起草德国宪法之时，多撷取其精义的结果。

因此，责任重大的行政部门首长仅有首相一人，同时首相不需要对议会负责，只要对国王负责便可。

不过德国首相与美国总统仍有不同之处，因为前者拥有解散议会的权利。英国首相也有此权，不过用于总选举后，如果执政党占少数，首相便有义务提议内阁总辞职。而德国首相与议会中党派势力的优劣无关，可以强制执行其职权，故执政党纵使在总选举时失败，也不必辞职。

另外还有一点与美国总统不同之处，美国总统在四年任期内，若无渎职之罪，就不会被罢免，但是德国首相的任免则由皇帝之意决定。

事实上，俾斯麦与威廉皇帝彼此之间都相互信任，绝对不用担忧会被罢免；加上他凡事均能按照自己意愿左右皇帝，执行国政，所以掌握了几乎和独裁者相等的权力。

当他初任首相时，一位著名的历史学家曾讽刺他道："俾斯麦先生顶多任期一年。"

没想到他会集诸多权力于一身，统治德国达二十八年之久，并且叱咤全欧政坛。

※德国于1871年完成统一后不到一百五十年时间，就创造了辉煌的成就，图为德国创建的奥林匹克体育馆

## 向议会和国王提交辞呈

俾斯麦召集内阁会议，宣布自己决定辞职，而他辞职的唯一理由是皇帝想独揽大权。让俾斯麦没想到的是，竟没有一位阁员提议与俾斯麦同进退。至此，他才发觉自己被孤立了，担任首相二十八年居然没有一个真正的朋友！

开完会，他吩咐备马，在柏林待了一阵子。当回到家时，他发现书记正在等他。

书记焦急地说："陛下要我来问你辞职一事。"

俾斯麦回答说："陛下随时都可以把我免职。如果免职的命令下来，我立刻签署同意书，但是皇帝必须对此举负责。我当了二十八年的首相，对祖国和欧洲多少有些影响，因此我需要一些时间来让天下人知道此事的真相，然后我会自动去谒见皇上的。"

当晚，俾斯麦写好了辞职书。第二天，新皇帝便接到长达六页的辞职书。皇帝看完之后，在空白处写了两个字："批准。"

但是，皇帝始终没有把俾斯麦的辞职书公之于世，而以皇帝亲拟的俾斯麦引退理由书来代替，公开发表，至于引退的理由则是健康不佳。

对于俾斯麦多年的操劳，皇帝将他封为大公爵及陆军少将，同时还赐予他一笔可观的金钱，但是

# 铁血宰相——俾斯麦

俾斯麦全都辞拒了。

大公爵的封号,在他有生之年一直没有使用过,他只是接受了辞职令。不过他同意了皇帝的要求,把长子哈佛继续留任外交部部长,因为他希望让自己的儿子来完成他未完成的大业——德、俄密约。

令人遗憾的是,俾斯麦最后的希望也遭到奸人荷鲁斯坦从中作梗,以致他的儿子哈佛最终无法完成任务。因为荷鲁斯坦认为一旦签署了德、俄密约,俾斯麦便可能东山再起,而俾斯麦的再起无异于自己的垮台。所以为了自己的利益,他多方阻挠这个重要密约的进行。

俾斯麦准备离开柏林的日子终于到来。他进宫拜别新皇帝和参拜了威廉老皇帝的陵墓后,便离开了长年居住的官邸。在他返回位于喀尔斯鲁山庄的路上,当这位白发的老人坐在车上,离开官邸时,民众一起脱帽致意并流下了眼泪。这位老英雄虽然被傲慢的新皇帝所抛弃,但是一般民众还是对他念念不忘的。

退休的老首相在他那喀尔斯鲁规模宏大的山庄里,孤独寂寞地住着,没有人敢来拜访他,原因是大家都畏惧威廉二世皇帝。如果有人拜访俾斯麦,他们的名字马上就会被报告到宫廷内。

德国的报纸也不敢刊登有关他的新闻,因为害怕政府检查,只有汉堡公报例外,此外,偶尔会有外国记者访问他。皇帝下令,寄给俾斯麦的信件必须经过严格检查,因此除了家人和两三位老朋友外,他几乎与外界完全隔绝。

有一次,美国的铁路专家来访,俾斯麦坐在这位初次见面的外国人身旁,毫不掩饰地说:

"你是几个星期以来,我的第

※ 晚年的铁血宰相俾斯麦

一位客人,大家都因害怕皇帝而不敢前来。那些几个月前在柏林街头碰面必定会对我行礼的人,他们今天就是到了镇上也不敢来看我,大家都在排斥我。"

那些曾经受他照顾的高官、贵族及皇族等都转而迫害他。其中,接任其职的新首相写信给俾斯麦,要他退回多领的薪水。

信中说:"阁下已于3月19日辞职。翌日起,便要按照退休年金计算,所以20日到31日的月薪是属于多领,请将它退回,以便结算。"

这位新首相同时通过驻外的公使向各国政府通告:

**今后,俾斯麦公爵的言论,完全与敝国无关,请贵政府不要重视。**

他究竟在山庄里过着什么样的日子呢?他所能做的只剩下编写他的回忆录了。他把自己八十年来的生活,详细地口述,让秘书一一记录下来。俾斯麦曾经往来于千军万马之中与敌军战斗,也曾经和访客交谈,并且日理万机。那时,虽然忙碌但还能写出洗练的文章。如今,失去了访客、公务及敌军等一切刺激,他的内心顿感空虚,而他灵敏的头脑也不及昔日活跃了。因此,

※八十寿辰时的俾斯麦

他那三卷回忆录的文体并不及他全盛时代的演说和书信般才气纵横。

被夺去了一切权力的俾斯麦,现在所剩下的只有家庭和森林了。自从爱犬死后,他不再养狗。他的长兄在他下台后不久便死去了,子女们又都不在他的身边,现在在他身边的只有妻子一人。他害怕和妻子离别,曾对友人说:

"我不想比我太太早一步归天,我不愿留下妻子一人。"

1894年后,他的妻子身体日益衰弱,他遵照她的愿望,从喀尔斯

## 铁血宰相——俾斯麦

鲁迁居到华尔翠。当年秋天,她度过了七十岁生日。有一天早上,当俾斯麦走进她的房间时,发现前一天晚上还在饭厅一起与他用餐的妻子已经与世长辞了。他抱着妻子如同十来岁少年般地坐在地板上放声痛哭。

翌日早晨,他从书架上拿下一册德国历史,对自己说:"希望这本书能使我的心情好转。"然而一起生活四十八年之久的妻子的去世,带给他很大的打击,他一时还无法恢复心中的平静。

1896年,俄国和德国的条约期满后,俄国转而和法国接近,这使得欧洲各国大为恐慌,而德国报纸也指责这是由于俾斯麦的失策造成的。这使俾斯麦很生气,于是将自己辞职前后的事情,公开发表在报纸上。这对于德国皇帝来说是一个很大的打击,而这一次也是俾斯麦的最后一次公开活动。

第二年,俾斯麦便因神经痛而双脚行动不便,一直坐在轮椅上。不过他的脑力一点都没有衰退。如今来回顾一下他当时所做的预言,会发现一切都如他所料,他说:"俄国成为共和国的日子比世人想象的还要快,一旦劳资之间发生纠纷,最后一定是劳工胜利。任何国家如果给予劳工投票权,一定会发生这种结果的。"

此外,他还曾预测德国的未来,他说:

"神可能会再次给予德国一次衰颓期,之后再给予它新的光荣期。但是可能要在它改变为共和制度以后才能出现。"

1898年7月30日晚11点,俾斯麦在喀尔斯鲁山庄与世长辞,走完了他八十三年的人生旅程。临终时,他对守候在枕边的女儿说:"谢谢你!我的女儿!"

遵照他的遗嘱,他的遗体和爱妻一起埋在喀尔斯鲁山庄的丘陵上。虽然皇帝赐给他国葬的恩典,但是他的长子哈佛以父亲的遗嘱为由婉拒了。

墓碑上写着:

*俾斯麦公爵,长眠于此*
*1815年4月1日生*
*1898年7月30日死*
*威廉一世皇帝的忠臣*

※ 原铸德国1898年纪念俾斯麦逝世